রাজলনীতি

টাইম ম্যানেজমেন্ট

"সামান্য সময়ে পান অধিক সফলতা"

(ছাত্ররা কীভাবে নিজের সময়ের সঠিক পরিচালনা করবেন,
তা জানতে পারবেন এই নতুন সংস্করণে)

রাজল গুপ্তা

ডায়মণ্ড বুকস
www.diamondbook.in

প্রকাশক ঃ ডায়মণ্ড পকেট বুক্স প্রা. লি.
X-30, ওখলা ইণ্ডাস্ট্রিয়াল এরিয়া, ফেজ - II
নূতন দিল্লী - 110 020
ফোন ঃ 011 - 40712200
ই-মেল ঃ sales@dpb.in
ওয়েবসাইট ঃ www.diamondbook.in

RAJAL NEETI : TIME MANAGEMENT (BANGLA)
By : Rajal Gupta

বিষয় সূচি

"আপনাদের স্নেহ ছাড়া সম্ভব ছিল না" ৫
লেখক পরিচয় ১২
'রাজল' ১২
১. আপনি নিজের বর্তমান সময়ের সদ্ব্যবহার কতটা করছেন তার উপর আপনার ভবিষ্যৎ নির্ভর করে ১৫
২. কীভাবে নিজের সময়ের সদ্ব্যবহার করবেন ১৭
৩. কোন কাজ করা উচিত? ২০
৪. যেকোনও কাজ একবারেই করুন ২৩
৫. দৈনিক কাজের তালিকা প্রস্তুত করুন ২৫
৬. সবার আগে পরিকল্পনা ও প্রস্তুতি ৩০
৭. গুরুত্ব অনুসারে কাজ ভাগ করে নিন ও তারপর ক্রমানুসারে করতে শুরু করুন ৩২
৮. সুচ দিয়ে যে কাজ হয়ে যায়, তার জন্য তলোয়ার কেন? ৩৫
৯. প্রত্যেক বস্তু যেন নির্দিষ্ট স্থানে থাকে ৩৭
১০. হার্ড ওয়ার্কের থেকে স্মার্ট ওয়ার্ক শ্রেয় ৩৯
১১. অতীত ও ভবিষ্যতের উপর আমাদের কোনও নিয়ন্ত্রণ নেই, আজকের দিনটা নিয়ন্ত্রণাধীন ৪১
১২. বাজে বিষয় নিয়ে চিন্তা না করে নিজের সময় বাঁচান ৪৪
১৩. গুরুত্বহীন কাজ গুলিকে এড়িয়ে চলতে পারেন ৪৬
১৪. নির্দিষ্ট সময়ে কাজ শেষ করার অভ্যাস করুন ৪৮
১৫. অন্যরা যাতে শুধু সমস্যা নয়, সমাধান নিয়েও আপনার কাছে আসে, তার জন্য উৎসাহ দিন ৫০
১৬. সময় সীমা নির্ধারণ করুন ৫২
১৭. একটু সময় বার করে নিজেকে চিনুন ৫৪
১৮. বেপরোয়াভাবে কাজ করলে সময় নষ্ট হয় ৫৬
১৯. প্রথমে ছোট-ছোট ভাগ করে, তারপর যুক্ত করুন ৫৮
২০. সময়ের সাথে নিজেকে আপডেট ওসংশোধন করুন ৬০
২১. টেকনলজি আপনার বন্ধু নাকি শত্রু? ৬২
২২. কোনটা নিয়ন্ত্রণাধীন আর কোনটা না, তা জানুন ৬৪
২৩. ব্যাঙ্ক একাউন্টের মতো সময়েরও একাউন্ট করুন ৬৬
২৪. 'না' বলতে শিখুন ৬৮
২৫. জটিল কাজেই নিপুণ হয়ে উঠুন, যাতে তা এড়িয়ে চলতে না হয় ৭০
২৬. মাঠে নামলে হয়তো আপনি জিততে পারেন কিন্তু না নামলে পরাজয় নিশ্চিত ৭২
২৭. সময় তো চলেই যাবে, কিন্তু আপনি এর সঠিক ব্যবহার করেছেন কি? ৭৫

২৮. সর্বদা সত্যের পথে চলুন ৭৭
২৯. নেগেটিভ লোকেদের থেকে দূরে থাকুন ৭৯
৩০. বিশেষজ্ঞরা সময় বাঁচাতে জানেন ৮২
৩১. অসুস্থ শরীরকে সময় আরোও অসুস্থ করে তোলে ৮৪
৩২. ঋণ পরিশোধের ক্ষেত্রে সময় নষ্ট হয় ৮৬
৩৩. খালি সময়ের সঠিক প্রয়োগ করুন ৮৮
৩৪. লোম্বার্ডি টাইম ৯০
৩৫. ডিজিটাল যুগে টাইম ম্যানেজমেন্ট ৯২
৩৬. ছোট-ছোট বিষয়ে মাথা না ঘামিয়ে নিজের সময় বাঁচান ৯৪
৩৭. বিশেষ তারিখের দিকে নজরে রাখুন ৯৬
৩৮. কাজ সম্পূর্ণ করার দায়িত্ব নিজে নিন ৯৮
৩৯. প্ল্যান-বি আগে থেকেই প্রস্তুত রাখুন ১০০
৪০. চাওয়া যত স্পষ্ট হবে, সময় তত বাঁচবে ১০২
৪১. গুণমানের সাথে আপোস নয় ১০৪
৪২. ভুল বোঝাবুঝি শীঘ্র শেষ করুন ১০৬
৪৩. নিয়মিত দেখভাল করলে সময় বাঁচে ১০৮
৪৪. নজর দিন কোন কাজের জন্যকতটা সময় উপযুক্ত ১১০
৪৫. ১ - ২ - ৩ .... ১১২
৪৬. সঠিক কেরিয়ারের নির্বাচন ১১৫
৪৭. আত্ম-নির্ভরতা ১১৮
৪৮. আত্ম-বিশ্বাস ১২১
৪৯. আত্ম-অনুশাসন ১২৫
৫০. জীবনের অর্থই হল ভারসাম্য ১২৮
৫১. যত বেশি পরিশ্রম ততবেশি সফলতা ১৩০
৫২. আপনার ফোকাস কোন দিকে ১৩৩
৫৩. পড়াশোনার বিষয়টা সহজ করে তুলুন ১৩৫
৫৪. পরীক্ষার দিন ১৩৮
৪৫. কিছু গুরুত্বপূর্ণ কথা ১৪০
সারাংশ ১৪২
কৃতজ্ঞতা স্বীকার ১৪৪

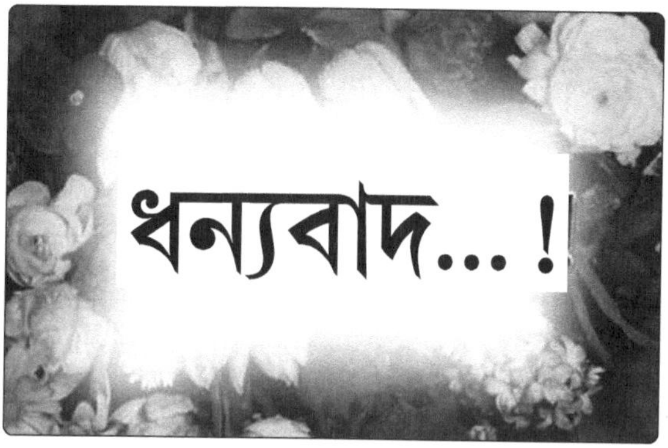

"আপনাদের স্নেহ ছাড়া সম্ভব ছিল না"

২০১৭ সালের জানুয়ারিতেআমি রাজলনীতি টাইম ম্যানেজমেন্ট লিখতে শুরু করি। কীভাবে সময় পরিচালনার মাধ্যমে সময়ের যথাযথ ব্যবহার করে তা বাঁচানো যায় সেটাই ছিল আমার এই পুস্তক লেখার আসল উদ্দেশ্য, সেই সাথে কীভাবে সামান্য সময়ে অধিক সফলতা অর্জন করা যায়, সেটাও বোঝাতে চেয়েছিলাম। সরল ভাষার প্রয়োগ করাটা ছিল খুবই জরুরি। আপনারা হয়তো সকলেই জানেন, বই লেখার কাজটা যথেষ্ট কঠিন একটা কাজ, তার চেয়ে কঠিন হল, সেই কাজকে জনপ্রিয় করে তোলা। আমার মনে হয়, যখন কোনও একটা বই পাঠকদের কাছে গ্রহণযোগ্য হয়ে ওঠে, তখনই তা জনপ্রিয়তা লাভ করে।

এই বিষয় গুলো মাথায় রেখে, গভীর অধ্যয়ন ও গবেষণা শুরু করি, অবশেযে ২০১৭ সালে রাজলনীতি টাইম ম্যানেজমেন্ট লেখার কাজে হাত দিই। সবচেয়ে গ্রহণযোগ্য বিষয় গুলি তুলে ধরার চেষ্টা করেছি এই পুস্তকে। যে সময় এই পুস্তক লেখার কাজ শেষ হয়, তখন তাতে মাত্র ৭৬ পৃষ্ঠা ছিল।

'ক্রমাগত সংশোধন ও বিস্তারের' চেষ্টা করে গিয়েছি, তাতে করে আমার জীবনের উপর এক বিরাট প্রভাব পড়ে, আর সেই বিষয়টা অতি সহজ ভাষায় আমি আপনাদের বোঝাতে চাই। এর জন্য সাধারণ জীবন থেকে খুব সহজ একটা উদাহরণ তুলে ধরছি। বর্তমান যুগে অধিকাংশ মানুষের কাছেই মোবাইল ফোন আছে। তবে আমি কিন্তু বহুদিন নিজেকে মোবাইলের কাছ থেকে গুটিয়ে রাখার চেষ্টা করেছিলাম, তার পেছনে একটা কারণ আছে। আর সেটা হল, বারংবার

ফোনের আওয়াজে আমার কাজের পথে বাধার সৃষ্টি হতো। যাই হোক, ২০১২ সাল থেকে মোবাইল ফোন আমার জীবনেরও অঙ্গ হয়ে ওঠে। এই বছরেই আমি নিজের প্রথম স্মার্ট ফোন কিনি, ফোন কল করা ছাড়াও এতে বিভিন্ন সুযোগ সুবিধা আছে, যার ফলে তা অনেক বেশি ব্যবহার যোগ্য হয়ে উঠেছে। যেমন ধরুন, ছবি তোলার জন্য ক্যামেরা, ইন্টারনেটের প্রয়োগ, গান শোনা ও সিনেমা দেখার মতো সুবিধা তো আছেই, সেই সাথে আমি কম্পিউটারের অধিকাংশ কাজ করে ফেলতে পারি। আমার মোবাইল ফোনটা খুব কাজে লেগেছিল, যার ফলে আমি খুব খুশি হয়েছিলাম।

একটাই ফোন ব্যবহার করতে করতে দুই বছর কেটে যায়। ২০১৪ সাল এসে পড়ে। দুই বছরে প্রযুক্তি বেশ খানিকটা উন্নত হয়ে গিয়েছিল, যার ফলে স্মার্ট ফোন আগের থেকে দ্রুত গতিতে চলতে শুরু করেছিল, ভিডিও কলিং-এর জন্য ফন্ট ক্যামেরার প্রয়োগ হতে শুরু করে, এই সুবিধা আমার আগের ফোনে ছিলনা। সেই কারণে আমি নিজের পুরানো ফোনটা বদলানোর কথা ভাবি, নতুন অত্যাধুনিক সুবিধা লাভের জন্য এটা অনিবার্য হয়ে উঠেছিল।

ধীরে ধীরে আরও দুটি বছর কেটে যায়, এসে পড়ে ২০১৬ সাল। প্রযুক্তি বিদ্যা আরও খানিকটা পথ অতিক্রম করে আরও বলশালী হয়ে উঠেছিল। ২০১৪ সালে যে ফোনটা কিনেছিলাম সেটার ডিসপ্লে ছোট ছিল, ব্যাটারিও খুব বেশিক্ষণ চলত না। ২০১৬-তে প্রযুক্তি বিদ্যার উন্নতির কারণে ডিসপ্লে-স্ক্রিন বড় আসতে শুরু করে, যাতে করে কোনও কিছু পড়তে সুবিধা হয়, ব্যাটারি ব্যাকআপও ছিল খুব ভালো। সারাদিনে একবার ফোন চার্জ করলেই হয়ে যেত, অথচ পুরোনো ফোনটা দিনে বেশ কয়েকবার চার্জ দিতে হত।

সময় নিজের গতিতেই বয়ে যায়, এসে যায় ২০১৮ সাল। অন্যদিকে প্রযুক্তিবিদ্যাও আরও বলশালী হয়ে উঠেছিল। এমন একটা মোবাইল ফোনের কথা জানতে পারি, যাতে একটা পেন (spen)-এর সুবিধা ছিল, অর্থাৎ ফোনের মধ্যেই একটা ছোট্ট spen রাখার জায়গা ছিল। আপনি সাধারণ পেন দিয়ে যেভাবে কোনও কাগজের উপর লিখে রাখতে পারেন, এই spen -এর সাহায্যে গুরুত্বপূর্ণ কোনও বিষয় মোবাইলের মধ্যে লিখে রাখতে পারেন। আমি একজন লেখক, তাই আমার মনে হয়েছিল, এই ধরনের ফোন আমার জন্য খুবই গুরুত্বপূর্ণ। তাই আমি পুরোনো ফোন ত্যাগ করে এই ফোন কেনার কথা ভাবি।

সময়ের চাকা ঘুরতে ঘুরতে ২০২০ সাল এসে উপস্থিত হল, প্রযুক্তিবিদ্যাও হয়ে উঠেছে আরও খানিকটা বলশালী। মোবাইল কম্পানি গুলি এখনও কীভাবে

আরও উন্নত ফোন তৈরি করা যায়, সেই গবেষণাই চালিয়ে যাচ্ছে। হয়তো এমন কোনও বিশেষ সুবিধা যুক্ত ফোন বাজারে আসবে যার জন্য আমাকে আবার নিজের ফোন বদলাতে হবে।

শুধু মোবাইল ফোনের ক্ষেত্রেই নয়, সেই সাথে টেলিভিশন বা ল্যাপটপের মতো ইলেক্ট্রনিক্স দুনিয়ার দিকেও তাকিয়ে দেখুন, সেখানেও ক্রমাগত গবেষণার মাধ্যমে তৈরি হয়েছে নতুন ধরনের দ্রব্য। কীভাবে কম তেল খরচ করে আপনি বেশি পথ যেতে পারেন তার জন্য বাজারে এসেছে নতুন নতুন মোটরসাইকেল। কঠিন রোগের হাত থেকে শীঘ্র মুক্তি দেওয়ার জন্য চলছে ক্রমাগত গবেষণা, বাজারে আসছে নিত্য-নতুন ঔষধ। সব দিক দিয়ে বিচার করে একটা কথা বলাই যায়, ক্ষেত্র যাই হোক না কেন, নিত্য-নতুন আবিষ্কারের জন্য চলছে ক্রমাগত গবেষণা। আর এই একই কথা রাজলনীতি টাইম ম্যানেজমেন্টের জন্যও একই ভাবে প্রযোজ্য। এই পুস্তককে আরও গ্রহণ যোগ্য করে তোলার জন্য প্রথম সংস্করণ প্রকাশের পরে আমি থেমে থাকিনি, নিজের গবেষণা বা অধ্যয়নের কাজ চালিয়ে গিয়েছি। কোন-কোন বিষয় আপনাদের কাছে পৌঁছে দিতে পারলে আপনারা আরও বেশি উপকৃত হবেন সেটা ভেবেই এগিয়ে গিয়েছি নিজের কাজে। যার ফলে ৭৬ পৃষ্ঠার মূল সংস্করণের সাথে আরও কিছু পৃষ্ঠা জুড়ে তা ১১২ পৃষ্ঠার পুস্তকে পরিণত হয়।

ঈশ্বরের অশেষ আশীর্বাদে আজ রাজলনীতি টাইম ম্যানেজমেন্ট দেশ-বিদেশের অসংখ্য পাঠকের হাতে পৌঁছে গিয়েছে। বইটি পড়ার পর অসংখ্য পাঠক তাদের প্রতিক্রিয়াও জানিয়েছে আমাকে। পাঠকদের মতে ভাষার সরলতা, সমস্ত বয়সের পাঠকদের জন্য এর ব্যবহার যোগ্যতা, যেকোনও বিষয় বোঝানোর জন্য দৈনিক জীবন থেকে তুলে আনা সহজ উদাহরণ, ১-২ পৃষ্ঠার ছোট ছোট অধ্যায়, যার ফলে যেকোনও জায়গা থেকে এটা পড়া শুরু করা যায়, প্রভৃতি বিষয় রাজলনীতি টাইম ম্যানেজমেন্ট -কে আরও বিশেষ করে তুলেছে। তবে আমার মনে হয় সবচেয়ে গুরুত্বপূর্ণ প্রতিক্রিয়া হল, সময় সম্পর্কে তাদের দৃষ্টিভঙ্গি একেবারে বদলে গিয়েছে, তাদের জীবনে সময়ের গুরুত্ব কতখানি তা তারা বুঝতে সক্ষম হয়েছে, সময় নিয়ে তারা এখন খুবই সচেতন, কীভাবে কম সময়ে অধিকতম পরিণাম পাওয়া যায়, সেই বিষয়ে আরও সচেতনতা লাভ করেছে তারা। এই কথা গুলি জানার পর আমারও খুবই ভালো লাগে, আমার মনে হয় এই বই লিখতে যতটা পরিশ্রম হয়েছিল আজ তা সার্থক হয়েছে।

আপনাদের কাছ থেকে যে স্নেহ লাভ করেছি, তা ব্যক্ত করার মতো ভাষা আমার কাছে নেই। আপনাদের কৃতজ্ঞতা জানানোর জন্য রাজলনীতি টাইম ম্যানেজমেন্ট-এর

নতুন সংস্করণ-কে আপনাদের জন্য আরও গ্রহণযোগ্য করে তোলার চেষ্টা করেছি। যাতে আপনারা আরও বেশি লাভবান হতে পারেন। এই নতুন সংস্করণে ৫০ পৃষ্ঠা আরও যুক্ত করা হয়েছে, এটিকে একটা পৃথক খণ্ড হিসাবেও বিবেচনা করতে পারেন। এই খণ্ডের নাম হল 'ছাত্রদের জন্য টাইম ম্যানেজমেন্ট'। ছাত্ররাও যাতে সময় পরিচালনা করে নিজেদের সময়ের সঠিক ব্যবহার করতে পারে তার জন্যই এই খণ্ড লেখা। ডায়মণ্ড গ্রুপের শ্রদ্ধেয় চেয়ারম্যান শ্রী নরেন্দ্র ভার্মা এই ভাগটি লেখার জন্য বিশেষ আগ্রহ দেখান, তাঁর প্রেরণাতেই এই ভাগ লেখা সম্ভব হয়েছে, যার জন্য আমি তাঁর প্রতি বিশেষভাবে কৃতজ্ঞ।

ছাত্ররা দেশের ভবিষ্যৎ, তারা যদি তাদের সময়ের সার্থক ব্যবহার করতে শিখে যায়, তাহলে আমাদের দেশের ভবিষ্যৎ উজ্জ্বল হবে। এই কামনা নিয়েই রাজলনীতি টাইম ম্যানেজমেন্টের সাথে 'ছাত্রদের জন্য টাইম ম্যানেজমেন্ট' নামক এই খণ্ডটি যুক্ত করা হল।

ছাত্র জীবন খুবই দীর্ঘ হয়, যাতে প্রাইমারি স্কুল থেকে শুরু হাই স্কুল পার করে গ্রাজুয়েশান করতে হয় আর তারপরেও চলে অনেক যাত্রা। 'ছাত্রদের জন্য টাইম ম্যানেজমেন্ট'-নামক খণ্ডে আমি এমন কিছু তথ্য দেওয়ার চেষ্টা করেছি যাতে ছোট থেকে বড় সমস্ত ছাত্ররাই এর থেকে লাভবান হতে পারে।

রাজলনীতি টাইম ম্যানেজমেন্টের সাথে 'ছাত্রদের জন্য টাইম ম্যানেজমেন্ট' খণ্ডটি যুক্ত করার পর আমার মনে হয়েছে, একটা সাধারণ পরিবারের ছোট থেকে বড় সমস্ত মানুষের কাছেই এই পুস্তক এখন গ্রহণযোগ্য হয়ে উঠেছে।

আমি যখন রাজলনীতি টাইম ম্যানেজমেন্ট লিখতে শুরু করি, তখন আমি ভাবতে পারিনি যে এই পুস্তক এতটা দীর্ঘ পথ অতিক্রম করবে। ঈশ্বরের অশেষ কৃপা তো বটেই সেই সাথে পাঠকদের ভালোবাসা, পরিবার, বন্ধুগণ, শুভাকাঙ্ক্ষীদের স্নেহই এই পথ চলতে সাহায্য করেছে, তাদের অশেষ স্নেহের জোরেই রাজলনীতি টাইম ম্যানেজমেন্ট এতটা যাত্রা করতে সক্ষম হয়েছে। আপনাদের এই আশীর্বাদের ফলেই আজ রাজলনীতি টাইম ম্যানেজমেন্ট অন্য ভাষাতেও অনুবাদ হতে চলেছে। আমি আপনাদের অশেষ কৃতজ্ঞতা জানাচ্ছি, রাজলনীতি টাইম ম্যানেজমেন্ট-এর সাথে সাথে আমার অন্যান্য পুস্তক গুলিও যাতে আপনাদের জন্য গ্রহণযোগ্য হয়ে ওঠেতার জন্য আমি অক্লান্ত পরিশ্রম করার প্রতিশ্রুতি দিচ্ছি। আপনাদের কাছ থেকে প্রাপ্য স্নেহই আমার শক্তি, এর থেকেই আমি আরও ভালো কিছু করার প্রেরণা পাই। আপনারা টুইটার, ফেসবুক, ইন্সটাগ্রাম, ইউটিউব প্রভৃতির মাধ্যমেও আমার সাথে সম্পর্ক স্থাপন করতে পারেন।

রাজলনীতি টাইম ম্যানেজমেন্ট পড়ার জন্য ধন্যবাদ, ঈশ্বরের কাছে আপনাদের উজ্জ্বল ভবিষ্যতের কামনা করছি। পুনরায় মন থেকে আপনাদের কৃতজ্ঞতা জানাচ্ছি...

রাজল

সোশ্যাল মিডিয়ায় আমার সাথে সম্পর্ক স্থাপনের জন্য

Youtube : www.youtube.com/rajalneeti

Facebook : www.facebook.com/therajal

Twitter : www.tewtter.com/therajal

Instagram : www.instagram.com/rajalneeti

প্রস্তাবনা

মানুষ ঈশ্বরের সর্বশ্রেষ্ঠ সৃষ্টি। সেই কারণেই এই পৃথিবীতে যত প্রাণী আছে মানুষ তার মধ্যে সর্বোত্তম। খুবই দুর্লভ জীবন হল এই মনুষ্য জীবন। তাই একবার যখন মানুষ হয়ে জন্মানোর সুযোগ লাভ করেছি, তখন সবদিকে দিয়ে লাভবান হওয়ার চেষ্টা করতে হবে। আমরা যদি নিজের সময়ের সদ্ব্যবহার করতে পারি, তবেই সবদিক দিয়ে লাভবান হতে পারব। সময়ের থেকেই সৃষ্টি হয়েছে জীবনের, তাই সময়ই জীবন এই কথাটা বললে খুব ভুল হবেনা। কিন্তু যখন মানুষ এই মূল্যবান সময়ের অপচয় করে, তখন তা দেখে খুবই খারাপ লাগে। তারা যখন এর গুরুত্ব বুঝতে পারে ততক্ষণে অনেকটা দেরি হয়ে যায়। এই পৃথিবীতে ঈশ্বর লম্বা, বেঁটে, ফর্সা, কালো প্রভৃতি বিভিন্ন প্রকারের মানুষের সৃষ্টি করেছেন, কিন্তু তাদের সকলের হাতেই ২৪ ঘণ্টা সময় বেঁধে দিয়েছেন। যারা এই সময়ের সদ্ব্যবহার করতে জানে, তারাই জীবনে সফলতা অর্জন করতে সক্ষম হয়। আর যারা এই সময়কে হেলায় হারায়, তাদের ভবিষ্যৎ অন্ধকারময়, তাতে কোনও সন্দেহ নেই।

পুস্তকের প্রতিটা পাঠক যাতে সময়ের মূল্য বুঝে তার সদ্ব্যবহার করতে শিখে যায়, সেই উদ্দেশ্যেই এই পুস্তক লেখা শুরু করেছি আমি। 'সময়' আমাদের জীবনের সর্বাধিক মূল্যবান সামগ্রী, যারা নিজেদের লক্ষ্য পূরণের জন্য বিবেচনার সাথে এই সময়ের সদ্ব্যবহার করতে পারবে, তারাই সফলতার মুখ দেখতে সক্ষম হবে, আর তা করতে না পারলে সারা জীবন অসফলই থেকে যেতে হবে।

"যাঁরা সময়ের সবচেয়ে বেশি সদ্ব্যবহার করতে জানেন, তাঁরাই জীবনে সবচেয়ে বেশি সফলতা অর্জন করতে সক্ষম হন।" মহান ব্যক্তিদের ইতিহাসের

দিকে তাকালেই আমরা বুঝতে পারি এই কথাটার মধ্যে কতটা সত্যি লুকিয়ে আছে।

প্রায় ১০০ বছরেরও বেশি সময় আগে থেকে আমাদের পূর্বপুরুষেরা ঘড়ির ব্যবহার শুরু করেছিলেন। প্রথম গোরখপুর শহরে ঘড়ির ব্যবসা শুরু করা হয়েছিল। ঘড়ি আমাদের শুধু সময় বলে দেয়, কিন্তু এই ঘড়িই এই পৃথিবীর সবচেয়ে শক্তিশালী বস্তু। অর্থ, ব্যক্তি, পদ ইত্যাদি সব কিছুর নাম আপনি নিতে পারেন, কিন্তু এই গুলির মধ্যে কোনওটিই সময়কে নিয়ন্ত্রণ করার মতো ক্ষমতা রাখে না। সময়ের আগে সকলেই পরাজিত। অতি সহজে বলা যায়, সময়কে বাঁধার মতো শক্তি কাউর কাছে নেই। কিন্তু নিজের বিবেচনার সাহায্যে আপনি সময়ের সদ্ব্যবহার অবশ্যই করতে পারবেন।

তখন আমি পড়াশোনা করি, পৈতৃক ব্যবসা দেখাশোনা করার সাথে সাথে আরও কিছু ব্যবসা দেখতে হত, সেই সাথে আরজি-টেক এডুকেশন নামক শিক্ষা সংস্থা চালানো, একই সাথে এত গুলো কাজ সামলানো আমার কাছে খুবই কষ্টকর হয়ে উঠেছিল। দায়িত্বের সাথে সাথে কাজের চাপ বৃদ্ধি পাচ্ছিল, কিন্তু সময় ছিল সেই বাধা ধরা। সেই কারণে আমি ঠিক করি, সীমিত সময়ের মধ্যে কীভাবে সমস্ত কাজ সুষ্ঠভাবে করা যায় সেই বিষয়ে অধ্যয়ন করাটা খুবই জরুরি। বেশ কয়েক বছর ধরে সময় পরিচালনা করার পর যে বিচার গুলি আমার গ্রহণযোগ্য বলে মনে হয়েছিল, আমি সেই অনুসারেই চলতে শুরু করি। ওই বিচার/টেকনিক গুলির ব্যবহার করার পর আমার জীবন অনেক বেশি সরল হয়ে উঠেছিল, এছাড়া অনেক কম সময়ের মধ্যে অনেক বেশি পরিমাণ কাজ করতে পারছিলাম। আজ আমার কাছে ৯টা ডিগ্রি/সার্টিফিকেট আছে, যার মধ্যে LL.B., PGJMC (JOURNALISM), PGDBA (MBA), B LEVEL (MCA)-এর মতো চারটি ডিগ্রি অন্তর্ভুক্ত। কঠোর পরিশ্রমের সাথে সময় পরিচালনা করতে না পারলে এত গুলো ডিগ্রি প্রাপ্ত করা সম্ভব ছিলনা।

রাজলনীতি টাইম ম্যানেজমেন্টের মাধ্যমে আমি আপনাদের সামনে নিজের কঠোর পরিশ্রম ও গবেষণা তুলে ধরতে সক্ষম হয়েছি। আশা করি এই বিচার গুলির দ্বারা আমি যতটা লাভবান হয়েছি, আপনারাও ঠিক ততটাই লাভবান হতে পারবেন।

- এই পুস্তক পড়ার জন্য ধন্যবাদ।
- আপনাদের উজ্জ্বল ভবিষ্যতের কামনা করছি।
- স্বর্গীয় রাধেশ্যাম গুপ্তার পৌত্র "**রাজল**"

লেখক পরিচয়

'রাজল'

শিক্ষা–

- B.COM [DIGVIJAY NATH POST GRADUATE COLLEGE (AFFILIATED TO DEEN DAYAL UPADHAYAY GORAKHPUR UNIVERSITY, GORAKHPUR
- B.C.A (ALAGAPPA UNIVERSITY, KARAIKUDI, TAMINADU)
- A LEVEL (P.G.D.C.A.) NIELIT (FORMERLY DOEACC, NEW DELHI]
- B LEVEL (M.C.A.) NIELIT (FORMERLY DOEACC, NEW DELHI)
- LL.B. (ST. ANDREWS COLLGE, GORAKHPUR)
- P.G.J.M.C. (JOURNALISM) [IGNOU, NEW DELHI]
- P.G.D.B.A. [HUMAN RESOURCE MANGEMENT] SYMBIOSIS CENTRE FOR DISTANCE LEARNING, PUNE)
- C.S.S.P [NIELIT (FORMERLY DOEACC)]
- C.S.S.A [NIELIT (FORMERLY DOEACC]

“রাজল একজন প্রেরণাদাতা, আত্ম সহায়ক পুস্তকের লেখক এবং সুবক্তা। উত্তর প্রদেশের মাননীয় মুখ্যমন্ত্রী শ্রী যোগী আদিত্যনাথের হাতে এই পুস্তক উন্মোচিত হয়েছে, সেই সাথে উপরাষ্ট্রপতি বেঙ্কয়া নায়ডুর শুভকামনা লাভ করেছে এই পুস্তকটি। রাজলনীতি শৃঙ্খলার অন্য আর একটি পুস্তক উত্তর প্রদেশের তৎকালীন রাজ্যপাল মাননীয় শ্রী রাম নাইক মহাশয় দ্বারা উন্মোচিত হওয়ার সৌভাগ্য লাভ করে। রাজলনীতি-১ পুস্তকের প্রথম অধ্যায় ‘বাচ্চারা সমস্যায় থাকলে মারাই কাজে লাগে’ ইন্টারনেটে পাঁচ লাখের বেশি মানুষ এই অধ্যায় পড়েছে ও তার প্রশংসা করেছে।

রাজল এক ব্যবসায়ি পরিবারের সন্তান। তাঁর ঠাকুরদাদা স্বর্গীয় রাধেশ্যাম গুপ্তা শহরের অতি সরল ও সম্মানীয় ব্যক্তি ছিলেন। শৈশবে সকলের মনে হত, রাজলের মধ্যে কোনও প্রতিভা নেই, কারণ জীবনের কোনও ক্ষেত্রে তাঁর প্রদর্শন উল্লেখ করার মতো কিছুই ছিলনা। তাই সকলেই মনে করত সারাজীবন তিনি অসফলই থেকে যাবেন। তা সত্ত্বেও তাঁর ঠাকুরদাদা তাঁকে নিঃস্বার্থ ভালোবাসা দিয়ে গিয়েছেন। সরল ভাষায় বলতে গেলে বলতে হয়, তাঁর সফলতা ও অসফলতা নিয়ে তাঁর ঠাকুরদাদার মনে কোনও রকম চিন্তা ছিলনা। তিনিই তাঁকে জীবনে কিছু করার জন্য প্রেরণা দিতেন। তাঁর এই প্রেরণার ফলেই ষষ্ঠ কক্ষে অসফল হওয়া ছাত্র আজ নয়টা ডিগ্রির অধিকারী। হাজার হাজার ছাত্রদের পথ প্রদর্শকের ভূমিকা পালন করছেন তিনি। লেখক মনে করেন তাঁর আজকের সমস্ত সফলতার পিছনে রয়েছে তাঁর ঠাকুরদাদার প্রেরণা। আজ তাঁর এই সফলতা দেখার জন্য তিনি এই পৃথিবীতে আর নেই, এটা লেখকের কাছে খুবই বেদনার। তবে তিনি মনে করেন তাঁর ঠাকুরদাদা যেখানেই থাকুন না কেন, আজ তিনি তাঁকে দেখে খুবই খুশি হন। কারণ তিনি রাজলের কাছ থেকে যা যা আশা করেছিলেন, রাজল অনেকাংশেই তা পূরণ করতে সক্ষম হয়েছেন।

রাজলনীতি টাইম ম্যানেজমেন্টের পুস্তক থেকে আপনি জানতে পারবেন, “সবচেয়ে সফল লোক তারাই, যারা নিজেদের সময়ের সদ্ব্যবহার করতে জানে।” এই পৃথিবীতে ঈশ্বর বিভিন্ন রকমের মানুষ তৈরি করেছেন, কিন্তু সকলকেই তিনি ২৪ ঘণ্টার জালেই বেঁধে রেখেছেন। কিছু মানুষ এরই মধ্যে উন্নতির চরম শিখরে পৌঁছে যায়, তবে বেশিরভাগ মানুষই পড়ে থাকে অন্ধকারময় জীবনে।রাজলনীতি টাইম ম্যানেজমেন্ট পড়লে আপনি জানতে পারবেন, সফল ব্যক্তিগণ কীভাবে তাদের সময়ের সঠিক ব্যবহার করেন। আর এই সময়ের সদ্ব্যবহার করেই তারা পৌঁছে যায় উন্নতির চরম শিখরে।

- আপনি কীভাবে সময়ের সদ্ব্যবহার করবেন?
- প্রতিদিনের কাজের তালিকা কীভাবে প্রস্তুত করবেন?
- পরিকল্পনা ও প্রস্তুতি আপনাকে জয় প্রদান করবেই।
- যে কাজ সুচ দিয়ে করা যায়, তার জন্য তলোয়ারের প্রয়োজন নেই।
- হার্ড ওয়ার্ক (কঠোর পরিশ্রম) ভালো কিন্তু স্মার্ট ওয়ার্ক (বুদ্ধির সাথে কাজ করা) শ্রেয়।
- ছাত্ররা যাতে সময়ের সদ্ব্যবহার করতে পারে, তার বিশেষ টিপস।

আজ আমার কাছে ৯টা ডিগ্রি/সার্টিফিকেট আছে, যার মধ্যে LL.B., PGJMC (JOURNALISM), PGDBA (MBA), B LEVEL (MCA)-এর মতো চারটি ডিগ্রি অন্তর্ভুক্ত। রাজলনীতি টাইম ম্যানেজমেন্ট পুস্তকের মাধ্যমে তিনি তাঁর বহু বছরের কঠোর পরিশ্রম ও নিজের গবেষণাকেই তুলে ধরার চেষ্টা করেছেন।

অধ্যায়- ১

আপনি নিজের বর্তমান সময়ের সদ্ব্যবহার কতটা করছেন তার উপর আপনার ভবিষ্যৎ নির্ভর করে

"কতটা উৎপাদন করছেন সেদিকে দেখুন, কতটা ব্যস্ত আছেন সেদিকে নয়।" টিম ফেরিস

আগত বছরে আপনার ভবিষ্যৎ খুবই উজ্জ্বল ও চমৎকার হয়ে উঠবে, তবে তা একটা বিষয়ের উপর নির্ভর করছে, আজ পর্যন্ত আপনি নিজের সময় কীভাবে অতিবাহিত করেছেন, তার উপর। এখানে আমি দুই যমজ ভাইয়ের গল্প বলব, যাদের বয়স তিরিশ বছর। একই সময়ে একই বাবা-মা তাদের জন্ম দিয়েছেন। তাদের দেখ তে প্রায় একই রকম, এমনকী উচ্চতা পর্যন্ত সমান। কিন্তু তাদের পরিস্থিতি আজ একেবারেই ভিন্ন। এক ভাই ভারতের একটি প্রতিষ্ঠিত কলেজ থেকে ইঞ্জিনিয়ারের ডিগ্রি প্রাপ্ত করেছে, আজ সে এক বিরাট কম্পানির উচ্চ পদস্থ কর্মচারী, আর অন্যদিকে তার আর এক ভাই সংঘর্ষ করে চলেছে। এমনটা কেন হল?

কারণ সে বারো ক্লাস পাশ করার পর, পড়াশোনা ছেড়ে দিয়েছিল। আর সর্বক্ষণ বন্ধু-বান্ধবদের সাথে ঠাট্টা-তামাশা করে ঘুরে বেড়াতো। দেখতে দেখতে সময়ের চক্রে দশ থেকে বারো বছর কেটে যায়, আর সে বুঝতেই পারেনা। এখন কী করবে সেই নিয়ে দ্বিধায় পড়ে যায়, নতুন করে পড়াশোনা শুরু করবে নাকি কোনও ছোটখাট কাজ করবে, তা ঠিক করে উঠতে পারেনা।

এই গল্পের থেকে নিশ্চয়ই খুবই স্পষ্টভাবে বুঝতে পারছেন যে, সময়ের সদ্ব্যবহার করতে না পারলে, আপনি কিছুতেই সুপরিণাম লাভ করতে পারেন না। যারা অন্যদের দেখে অভিজ্ঞতা অর্জন করে, তারাই প্রকৃত বুদ্ধিমান। তাহলে আসুন, এই গল্পের থেকে আমরাও কিছু শিক্ষা নিই, যমজ ভাইয়ের মতো অবস্থা যেন আপনার না হয়, আপনি যেন নিজের মূল্যবান সময় নষ্ট করবেন না। একটা কথা মাথায় রাখবেন, অপচয় করার মতো অনন্ত সময় কিন্তু আপনার হাতে নেই।

সময় পরিচালনার সাথে যুক্ত গ্রহণযোগ্য বিষয়

❖ আপনি বর্তমান সময়ে কোথায় আছেন, তা দেখুন। আপনি ঠিক যেমনটা চান, আপনার পরিস্থিতি কি তেমনি। যদি তা না হয়, তাহলে কেন না? আপনি কি অতীতে সময়ের সঠিক ব্যবহার করেননি? যদি তা হয়ে গিয়ে থাকে, তাহলে পুনরায় যেন সেই পথে হাঁটবেন না, আজ থেকেই সময়ের সদ্ব্যবহার করতে শিখে যান।

❖ আপনি প্রতিদিন কতো ঘণ্টা টিভি দেখেন? বিনোদনের সময় কমান, কোনও মূল্যবান কাজের জন্যই এই মূল্যবান সময়ের ব্যবহার করুন।

অধ্যায়-২

কীভাবে নিজের সময়ের সদ্ব্যবহার করবেন

"আপনি যদি সময়ের সঠিক ব্যবহার করতে চান, তাহলে আপনার জন্য সবচেয়ে জরুরি কী, সেটা আপনাকে জানতে হবে, তারপর সেই কাজ করার জন্য আপনি নিজেকে সমর্পণ করে দিন।" লি আয়াকোকা

একটা রাস্তায় অনেক পয়সা পড়ে আছে, তার মধ্যে বহু ১,২,৫,১০ টাকার কয়েন আছে। আর সেই সাথে ১০,২০,৫০০ এবং ২০০০ -এর নোটও আছে, দুই বন্ধু যত শীঘ্র সম্ভব সেই পয়সা গুলি তোলার চেষ্টা করছিল। যাতে তাদের আগে সেই পয়সা অন্য কাউর হাতে চলে না যায়। এক বন্ধু তুলছিল কয়েন গুলো আর অপরজন শুধু নোট গুলো। আচ্ছা কোন বন্ধু বেশি টাকা পাবে, আপনি বলতে পারবেন কী? বলুন তো, কে বুদ্ধির সাথে কাজ করছে?

(এটা একটা কাল্পনিক উদাহরণ, শুধুমাত্র আপনি যাতে বুঝতে পারেন, সেই কারণে এর ব্যবহার করা হল) এই প্রশ্নের উত্তর একটা বাচ্চাও দিতে পারবে। যে বন্ধু কয়েন তুলছিল আপনার তাকে বোকা ও যে নোট তুলছিল তাকে বুদ্ধিমান বলে মনে হবে। কিন্তু বেশিরভাগ মানুষই প্রথম বন্ধুর মতো কয়েন তুলতে গিয়েই নিজের জীবনের মূল্যবান সময় নষ্ট করে ফেলে। অর্থাৎ আমরা জীবনের বেশিরভাগ সময়টা গুরুত্বহীন বা কম গুরুত্বপূর্ণ কাজের পিছনেই ব্যয় করে ফেলি। অথচ ওই একই সময় ব্যবহার করে আমরা এমন কিছু মূল্যবান কাজ করতে পারতাম, যার

থেকে অনেক ভালো পরিণাম লাভ করা সম্ভব হত। আমি নিজের কথাই বলছি, বই লেখার কাজটা আমার কাছে কয়েকটা গুরুত্বপূর্ণ কাজের মধ্যে অন্যতম। বেশ কয়েকটা কাজের থেকে আমি এই কাজের পিছনেই বেশি সময় দিতে চাই।

আমরা সকলেই জানি, এই পৃথিবীতে কেউই অমর নয়। আমাদের সকলের জীবনই জন্ম-মৃত্যুর সময় সীমার মধ্যে বাঁধা। প্রত্যেক ধর্মতেই বলা হয়েছে, মানুষ কোনও এক মহান উদ্দেশ্য পূরণ করার জন্যই এই পৃথিবীতে জন্ম নিয়েছে। ঈশ্বর প্রদেয় এই সুন্দর জীবনের সার্থক প্রয়োগ করাই মানুষের সবচেয়ে বড় কর্তব্য।

অতি সহজ ভাষায় বলা যায়, মানুষের নিজের জীবন/সময়ের সবচেয়ে বেশি প্রয়োগ সেই কাজের জন্যই করতে হয়, যার সাহায্যে তার জীবনের উদ্দেশ্য পূরণ হওয়া সম্ভব। উদাহরণ স্বরূপ, একজন খেলোয়াড়ের খেলার নিয়ম, খেলার সাথে যুক্ত টেকনিক শেখার জন্যই সর্বাধিক সময় ব্যয় করা উচিত। তেমনি একজন ছাত্রের কাজ হল মন দিয়ে পড়াশোনা করা, দিনের সর্বাধিক সময় নিজের পড়াশোনার পিছনেই ব্যয় করা। সেই সাথে কীভাবে সর্বাধিক নম্বর পাওয়া যায়, সেই দিকেও নজর দিতে হবে।

সেই রকম একজন ডাক্তারকেও বর্তমান যুগে কী ধরনের গবেষণা চলছে সেই দিকে নজর রাখতে হবে, তাকে নিয়মিত অধ্যয়নের কাজ চালিয়ে যেতে হবে। আপনি ছাত্র হোন বা ব্যবসায়ি, ইঞ্জিনিয়ার হোন বা উকিল, আপনি আজ যাই হোন না কেন, যাই করুন না কেন, কীভাবে কম সময়ের মধ্যে আপনি নিজের কাজ সুষ্ঠভাবে সম্পূর্ণ করতে পারবেন, তা কিন্তু আপনাকে শিখতেই হবে। যে ব্যক্তি নিজের সময়ের সদ্ব্যবহার করতে জানে, সেই সবচেয়ে বেশি সফলতার মুখ দেখ তে পায়। আত্মানুশাসনের সাথে গুরুত্বপূর্ণ কাজ করাটা খুবই জরুরি।

সময় পরিচালনার সাথে যুক্ত কিছু গুরুত্বপূর্ণ বিষয়

❖ কোনটা জরুরি আর কোনটা জরুরি না জেনে নিন।

একজন বোঝদার মানুষের এটা বোঝা উচিত যে, তার জন্য কোনটা জরুরি আর কোনটা জরুরি না। ইউলফ্রেড পরেটোঁ একটা সিদ্ধান্তও দিয়েছিলেন, যা আমাদের কাছে পরেটোঁ প্রিন্সিপাল নামে পরিচিত। এই অনুসারে যেকোনও বড় সফলতার ক্ষেত্রে ৮০ শতাংশ পরিণাম ২০ শতাংশ কাজের মধ্যে লুকিয়ে আছে। যারা জীবনে সফলতা অর্জন করে তারা এই ২০ শতাংশ কাজের দিকটাতেই মন নিবেশ করে, যাতে করে তারা জীবনে অভাবনীয় সফলতা অর্জন করতে সক্ষম হয়। আর এই কারণেই তারা কম সময়ের মধ্যে অনেকটা

এগিয়ে যেতে পারে। যারা অসফল থেকে যায়, তারা অপ্রয়োজনীয় ৮০ শতাংশ কাজের দিকে বেশি মন দেয়, সেই জালেই জড়িয়ে পড়ে তাদের জীবন। এর সবচেয়ে সহজ উদাহরণ হল, আমাদের স্কুল জীবনে হওয়া পরীক্ষা। পরীক্ষার খাতায় আমরা ৫ নম্বরের প্রশ্নও দেখি, আবার ২০ নম্বরেরও দেখি। যারা বুদ্ধিমান হয় তারা যে প্রথমেই ২০ নম্বরের প্রশ্ন গুলিতে হাত দেবে তাতে কোনও সন্দেহ নেই, সেই সাথে তারা নিজেদের সবচেয়ে বেশি সময়টা ওই উত্তর গুলি দেওয়ার পিছনেই ব্যয় করে। কারণ এই প্রশ্নের উত্তর যথাযথ ভাবে দিতে পারলে তারা অনেক বেশি নম্বর পাবে। এই প্রশ্ন গুলির উত্তর হয়ে যাওয়ার পর যদি ৫ নম্বরের প্রশ্ন গুলির উত্তর দেওয়ার মতো সময় তাদের হাতে নাও থাকে তাহলেও তেমন কোনও সমস্যা থাকে না। সবচেয়ে বড় করা হল, যার থেকে অধিক পরিণাম পাওয়া সম্ভব, সেই কাজ তারা করে ফেলতে পারে।

- যখনই আপনি কোনও কাজ করতে শুরু করবেন, তখন এই প্রশ্ন গুলির উত্তর অবশ্যই দিন আমি কি নিজের সময় সবচেয়ে ভালো ভাবে কাটাচ্ছি আর আমি যে কাজ করছি, তার ফলে আমার ভবিষ্যতে তার কী প্রভাব পড়তে চলেছে? যে কাজ আপনার ভবিষ্যৎ-কে উজ্জ্বল করে তুলতে পারে, সেই কাজ করুন। কারণ সফল মানুষরা সেটাই করে, আর অসফল মানুষরা সর্বদা অতীতের কথা ভাবে, তারা বাজে আলোচনায় নিজেদের মূল্যবান সময় নষ্ট করে দেয়।

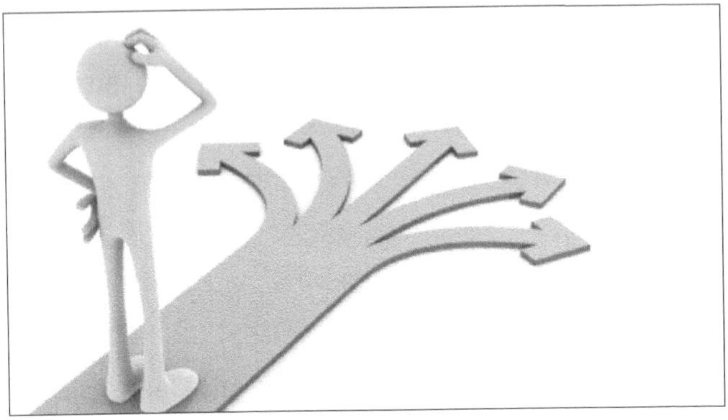

অধ্যায়-৩

কোন কাজ করা উচিত?

"আমরা যতক্ষণ না সময় পরিচালনার মন্ত্র শিখছি, ততক্ষণ পর্যন্ত আমরা আর কোনও কিছু ব্যবস্থিত করতে পারব না।" পিটর ড্রকর

এক ব্যক্তি একটা ট্রেনের টিকিট কাটার জন্য ঘণ্টার পর ঘণ্টা একটা লম্বা লাইনে দাঁড়িয়ে থাকে। যখন তার সময় আসে, তখন টিকিট কাউন্টারে বসে থাকা মানুষটা তাকে প্রশ্ন করে, "আপনার কোথাকার টিকিট চাই", উত্তর আসে, "আমি তো জানিনা।"

হয়তো আপনি ভাবছেন মানুষটা কত বড় মূর্খ, কোথায় যাবে যখন সেটাই জানে না, তখন লাইনে দাঁড়ানোর দরকারটা কী! কিন্তু বেশির ভাগ মানুষেরই এমন অবস্থা, তারা কী কাজ করতে চায়, সেটাই তারা ঠিক মতো জানেনা।

আমি নিরামিষাশী। তাই আমি সর্বদা কোনও নিরামিষ রেস্টুরেন্টে খাবার খেতে পছন্দ করি। একটা কাল্পনিক উদাহরণের সাহায্যে আমি বিষয়টা বোঝানোর চেষ্টা করছি। একদিন আমি নিজের এক পছন্দের রেস্টুরেন্টে গিয়ে উপস্থিত হই, সেখানে প্রায় ২০০-র বেশি পদ রান্না হয়। সেখানকার মালিক আমাকে বলেন, আপনি আমাদের খুবই পুরোনো এবং বিশেষ গ্রাহক, বেশ কয়েক বছর ধরে আপনি আমাদের রেস্টুরেন্টে আসছেন, তাই আজ আমরা আপনাকে আমাদের তৈরি ২০০ রকম পদ খাওয়াবো, তার জন্য আপনাকে কোনও খরচ করতে হবেনা। তবে তিনি

আমার সামনে একটা শর্ত রাখেন, ওই ২০০ রকম রান্না আমাকে সেখানে বসে সেই দিনই খেতে হবে।

এবার আপনি বলুন তো, কোনও মানুষের পক্ষে একটা রেস্টুরেন্টে বসে একদিনে ২০০ রকম রান্না খাওয়া সম্ভব কি? তা যতই বিনা পয়সায় পাওয়া যাক না কেন!

একজন মানুষ যখন একদিনে সীমিত সময়ের মধ্যে ২০০ রকম খাবার খেতে পারেনা, তখন একজন মানুষ একটা জীবনে কীভাবে সব কিছু করতে পারে?

একজন ব্যক্তির পক্ষে একই সাথে ডাক্তার, উকিল, অধ্যাপক, ইঞ্জিনিয়ার, আর্কিটেক্ট, ব্যবসায়ি, শিল্পপতি, হওয়া সম্ভব কি?নিশ্চয়ই আপনি জবাবে 'না' বলবেন।

আমাদের জীবনের সবচেয়ে বড় সমস্যা হল, আমাদের চোখের সামনে যে কাজটা থাকে, আমরা সেটাই করতে যাই। কী করতে হবে, কখন করতে হবে, কীভাবে করতে হবে, কোন কাজ অন্য কাউকে দিয়ে করিয়ে নেওয়া যায়, আমরা তা ভেবেও দেখিনা। এই জন্য জীবনের লক্ষ্য স্থির থাকাটা খুবই জরুরি, যাকে আপনি সহজ ভাষায় জীবনের উদ্দেশ্য বলতে পারেন। কীভাবে জীবনের উদ্দেশ্য পূরণ করা যায়, তা নিয়ে পরিকল্পনা করুন, আর নিজের অধিকাংশ সেই কাজের পিছনেই ব্যয় করুন, যার দ্বারা আপনার জীবনের উদ্দেশ্য পূরণ হওয়া সম্ভব।

সবার আগে এটা ঠিক করে নিন, আপনি কী করতে চান। সেই সাথে, কম সময়ের মধ্যে কীভাবে তা আরও ভালো করে করা যায়, তা ভেবে দেখুন। আপনাকে নিজের লক্ষ্য নির্ধারণ করতে হবে। কিছু লক্ষ্য ব্যক্তিগত, যা আপনি স্বয়ং নিজের জন্য করতে চান। কিছু কাজ আছে, যা আপনি নিজের পরিবারের কথা মাথায় রেখে করেন, পরিবারের ভালো-মন্দ বিচার করে করেন। কিছু কাজ আছে যা আপনাকে জীবনের লক্ষ্য পূরণে সাহায্য করে।

আপনি যদি কোনও ছাত্র হন, তাহলে পরীক্ষার খাতায় সবার আগে সেই প্রশ্ন গুলির উত্তর দিন, যেগুলি আপনি খুব ভালো ভাবে দিতে সক্ষম।ওই প্রশ্ন গুলির পিছনে নিজের সবচেয়ে মূল্যবান সময় ব্যয় করুন। যাতে আপনি সবচেয়ে বেশি নম্বর পেতে পারেন।

সময় পরিচালনার সাথে যুক্ত গুরুত্বপূর্ণ কিছু বিষয়

- আপনার জীবন যদি পরিকল্পনাহীন হয়, তাহলে কিভাবে নিজের সময়ের পরিচালনা করবেন? তাই কিছু গুরুত্বপূর্ণ প্রশ্নের উত্তর আপনার অবশ্যই জানা উচিত

১. আপনার জীবনের লক্ষ্য কী? (আপনার লক্ষ্য ব্যক্তিগত, পারিবারিক বা সামাজিক হতে পারে।)

২. আপনাকে যদি এক কোটি টাকা দেওয়া হয়, তাহলে আপনি কীভাবে তার ব্যবহার করবেন? কোন কার্য আপনি নিজে করতে চান আর কোন কাজ অন্যকে দিয়ে করিয়ে নেওয়া উচিত বলে মনে করেন?

৩. আপনি যদি আর ছয়মাস বাঁচেন, তাহলে আপনি এই শেষ জীবনে এসে কী করতে চান?

৪. আপনি যদি জানতে পারেন, আপনি জীবনে যা যা চান তাই পেতে পারেন, আর সেই কাজ সফল হওয়ার বিষয়ে কেউ আপনাকে বাধা দিতে পারবে না, তাহলে আপনি কী করতে চাইবেন?

অধ্যায়-৪

যেকোনও কাজ একবারেই করুন

"সবচেয়ে বড় সমস্যা হল, আপনার মনে হয় আপনার কাছে পর্যাপ্ত সময় নেই।" বুদ্ধ

আমি নিজের জীবনের অনেকটা সময় ক্রিকেট খেলা দেখে কাটিয়েছি, তবে একটা জিনিস আমি খেয়াল করেছি যে, একজন ব্যাটসম্যান দীর্ঘ সময় ধরে ব্যাটে টিকে থাকার পরে যখন জলপান বা লাঞ্চের সময় আসে তখনই তার মনোযোগ নষ্ট হয়ে যায়, আর দ্বিতীয়বার খেলতে নেমে এই মনোযোগ না থাকার কারণে খুব শীঘ্র আউট হয়ে যায়।

নিজের সময় সবচেয়ে গুরুত্বপূর্ণ কাজের পিছনে ব্যয় করুন। আর ততক্ষণ সেই কাজ করে যান, যতক্ষণ না কাজটা সম্পূর্ণ হচ্ছে।

আমি লক্ষ্য করে দেখেছি, আপনি যখন কোনও কাজ করেন, আর তা মাঝপথে রেখে আর একটা কাজে হাত দেন, তখনই একাগ্রতা নষ্ট হয়। আর তারফলে সেই কাজ করতে যতটা সময় লাগা উচিত ছিল, তার চেয়ে কয়েকগুন বেশি সময় লাগে।

এক্ষেত্রে সবার আগে নিজেকে নিয়ন্ত্রণ করতে শিখুন। যখন কোনও একটা কাজে হাত দেবেন, যতক্ষণ না সেই কাজ শেষ হচ্ছে ততক্ষণ পর্যন্ত অন্য কোনও কাজে হাত দেবেন না। আপনি যদি এইভাবে চলতে পারেন, তাহলে সেই কাজ করতে যে সময় লাগার কথা ছিল, তার চেয়ে অনেক কম সময়ের মধ্যে তা করা সম্ভব হবে।

আমি বহু সফল মানুষের জীবনী পড়েছি, আর সকলের মধ্যেই আমি একটা সাধারণ বিষয় লক্ষ্য করেছি, আর তাহল আত্মানুশাসন। তাঁরা প্রত্যেকেই জানতেন তাঁদের জন্য কোনটা গুরুত্বপূর্ণ। তাঁদের ইচ্ছা করুক বা নাই করুক, কোনও কাজে একবার হাত দেওয়ার পর যতক্ষণ না তা শেষ করেছেন, ততক্ষণ পর্যন্ত তার পিছন ছাড়েননি তাঁরা। কারণ তার উপরেই তাঁদের সম্পূর্ণ ভবিষ্যৎ নির্ভর করছিল।

অতি পরিচিত একটা প্রবাদ আছে, হাজার মাইলের যাত্রা কিন্তু শুরু হয়, প্রথম পদক্ষেপ থেকেই। তাই প্রথম পা ফেলুন, আর ততক্ষণ থামবেন না যতক্ষণ না আপনি নিজের গন্তব্যে উপস্থিত হতে পারছেন।

সময় পরিচালনার সাথে যুক্ত গুরুত্বপূর্ণ কিছু বিষয়

- আমি যখন ছাত্র ছিলাম, তখন আমি দেখেছি, আমি যখনই পড়া বা লেখা শুরু করতাম, মন একাগ্র করতে করতেই প্রথম ১০-১৫ মিনিট সময় লেগে যেত। তাই যখনই পড়াশোনা শুরু করবেন, তখনই কমপক্ষে দেড় থেকে দুই ঘণ্টা একই জায়গায় বসে পড়ার চেষ্টা করুন। এই সময়ের মধ্যে যেন কোনও রকম ব্যবধান না ঘটে। এটা করা খুবই কঠিন, কিন্তু আমি এর জন্য খুব ভালো ফল পেয়েছি।
- একাগ্রতা সফল মানুষরা সেই কাজ গুলিই হাতে নেন, যার থেকে সবচেয়ে বেশি পরিণাম পাওয়া সম্ভব। আর যতক্ষণ না সেই কাজ সম্পূর্ণ হচ্ছে ততক্ষণ পর্যন্ত তাঁরা সেটাই করতে থাকেন। একটা কাজ হাতে নেওয়ার পর আপনি যদি কোনও কারণ বশত তা বন্ধ করে দেন, তাহলে সেই কাজ করতে আপনার কমপক্ষে ৫ গুন বেশি সময় লাগবে।
- যেকোনও বড় কাজ করার জন্য একাগ্র থাকাটা খুবই জরুরি।

অধ্যায়-৫

দৈনিক কাজের তালিকা প্রস্তুত করুন

"যে সময় চলে গিয়েছে, তা আর কখনও ফিরে আসেনা।" বেঞ্জামিন ফ্রাঙ্কলিন

ঘড়ির ব্যবসাটা আমাদের পৈতৃক ব্যবসা, ১০০ বছরের থেকেও বেশি সময় হয়ে গিয়েছে। আমাদের ওয়াচ হাউসে আমার শৈশবের অনেকটা সময় কেটেছে, আমি ঠাকুরদাদার সাথে সেখানে সময় কাটাতাম। যখনই কোনও ঘড়ি বিক্রি হত, তখনই দেখতাম ঠাকুরদাদা সেটা একটা খাতায় নোট করে রাখছেন। আর দিনের শেষে তিনি একটা তালিকা বানিয়ে নিতেন, কোন কোন ঘড়ি কটা অর্ডার করতে হবে। এই এক কাজ তিনি সপ্তাহের কোনও একটা দিনে নয়, বরং প্রতিদিন করতেন। সপ্তাহের শেষে তিনি সমস্ত অর্ডার একসাাথে করতেন।

আমি তাঁকে একদিন জিজ্ঞাসা করি, উনি কেন এমন করেন, তখন তিনি আমাকে জিজ্ঞাসা করেন, "বলতো, কাল কোন কোন ঘড়ি বিক্রি হয়েছিল?" তখন আমি তাঁকে বলি, কাল সারাদিনে প্রায় ৩০-৪০ টা ঘড়ি বিক্রি হয়েছে, আমার সবকটা মডেল মনে নেই।

এই কথা শুনে তিনি বলেন, 'দেখো, তুমি বাচ্চা আর আমি বুড়ো। তুমি কালকের হিসাব টুকু বলতে পারছোনা, তাহলে আমি সারা সপ্তাহ বা সারা মাসের হিসাব বলব কীভাবে? যাতে কিছু ভুলে না যাই, ভুল ত্রুটি হয়ে না যায়, তার জন্য সবকিছু লিখে রাখাটা খুবই জরুরি।

আমাদের পারিবারিক জীবনেও এই রকম তালিকা প্রস্তুত হতে দেখেছি। শুধু যে দোকানে ঠাকুরদাদা সবকিছু লিখে রাখতেন তা নয়, বাড়িতেও ঠাকুরদাদা ও মা-কে এমন তালিকা মেনে চলতে দেখেছি। যখন বাজার থেকে কিছু আনানোর হত, তখনও এমন সূচি বানাতে দেখেছি। ছোট-ছোট প্রয়োজনের জিনিস, যেমন সব্জি-ফল প্রভৃতির জন্যও এই লিখিত পন্থা অনুসরণ করে চলতেন। সেই সাথে কর্মচারীদের হিসাব রাখার জন্যও আরও একটা আলাদা খাতা ছিল।

ঈশ্বর আমাদের যে মস্তিষ্ক প্রদান করেছেন, তা খুবই শক্তিশালী। কিন্তু আপনি হয়তো খেয়াল করে দেখেছেন ছোট-ছোট বিষয় গুলি সময় মতো মনে রাখার জন্য আমাদের একটা তালিকা প্রস্তুত করতে হয়। যে যে কাজ গুলি আপনার করতে হবে বলে মনে হচ্ছে, তার একটা তালিকা বানিয়ে ফেলুন। তারপর কোন কাজটা সবার আগে করতে হবে, কোনটা তারপর, সেই অনুসারে সেই কাজগুলি সূচি বদ্ধ করুন। সেই সাথে কোন কাজ একদমই করার দরকার নেই সেটাও ঠিক করে নিন।

আপনি যদি এটাই না জানেন, যে প্রতিদিন আপনাকে কী কাজ করতে হবে, তাহলে আপনি দেখতে পাবেন, আপনি জীবন চালাচ্ছেন না, বরং জীবন আপনাকে চালনা করছে।

প্রতিদিন আমাদের কোন কোন কাজগুলি করতে হবে, আমরা যদি আগে থেকেই তার একটা তালিকা প্রস্তুত করে নিতে পারি, তাহলে আমাদের সমস্ত কাজ সময় মতো পূরণ করা সম্ভব হবে, আর ভিড়ের থেকে আমরা অনেকটা এগিয়ে যেতে পারব। সূচি বানিয়ে কাজ করলে কোনও কাজ এড়িয়ে চলার প্রবণতা নষ্ট হয়ে যায়। যখন আপনার তালিকানুসারে একটা একটা করে কাজ কম হতে শুরু করে, তখন আপনি নিজের ভেতর থেকে একটা আলাদা প্রশান্তি লাভ করবেন, আত্মবিশ্বাস কয়েক গুন বৃদ্ধি পায়। যদি তালিকায় থাকা কোনও কাজ করা সম্ভব না হয়, তাহলে তা পরের দিনের তালিকায় যোগ করে নিন।

আপনি যখন এই কাজে পারদর্শী হয়ে যাবেন, তখন সাপ্তাহিক বা মাসিক সূচি বানিয়ে নিন, তাতে আপনি নিজের বড় লক্ষ্য গুলির উল্লেখ করুন। যেগুলি আপনি সপ্তাহ বা মাসের মধ্যে শেষ করতে চান।

সময় পরিচালনার সাথে যুক্ত গুরত্বপূর্ণ কিছু বিষয়

❖ যাই করুন না কেন, তা লিখুন ও ব্যবস্থিত ভঙ্গিতে করার চেষ্টা করুন কী করবেন, কীভাবে করবেন ও কোন পদ্ধতিতে করবেন। গবেষণার থেকে যে তথ্যপাওয়া গিয়েছে, তাতে দেখা গিয়েছে, যে ব্যক্তির কাছে লিখিত লক্ষ্য

আছে, সে যদি সেই অনুসারে কাজ করে, তাহলে সাধারণ মানুষের তুলনায় তার সফল হওয়ার সম্ভাবনা ৫০ গুন বৃদ্ধি পায়।

- ❖ তালিকা প্রস্তুত করুন, আপনি যদি পরের দিনের কার্য তালিকা আজ সন্ধ্যা বা রাতে বানিয়ে ফেলেন, তাহলে খুবই ভালো হয়। কারণ রাতে ঘুমানোর সময় আপনার অবচেতন মস্তিস্ক কার্য সম্পাদনের রাস্তা খুঁজবে, কীভাবে কাজ করবে সেই উপায়ের সন্ধান করবে।
- ❖ সূচির সবচেয়ে বড় লাভ হল, এটা এক প্রকার নকশার মতো কাজ করে। একটা নকশা যেমন আপনাকে বলে দেয়, আপনি কোথায় আছেন, আর আপনাকে কোথায় যেতে হবে, সেইভাবে একটা তালিকাও বলে দেবে, আপনি কোন কোন কাজ করে ফেলেছেন, আর কোন কোন কাজ করা বাকি আছে। আপনি তালিকার একটা করে কাজ শেষ করার পর যত নিজের লক্ষ্যের দিকে এগিয়ে যাবেন, ততই আপনার ভেতরের বিশ্বাস বৃদ্ধি পাবে।

আমি কীভাবে সূচি প্রস্তুত করি

আপনার মাথায় যে যে কাজ গুলির কথা ঘুরে বেড়াচ্ছে, সেই গুলি একটা কাগজে লিখে ফেলুন। একটা কাজও যেন লিখতে ভুলবেন না। এরপর দেখুন, কোন কাজ গুলি সবচেয়ে গুরুত্বপূর্ণ, যেগুলি করতে পারলে আপনার ভবিষ্যৎ উজ্জ্বল হবে। এমন কাজ গুলির পাশে রোমান অক্ষরে ‘I’ লিখে ফেলুন, তার অর্থ, প্রথম বা ফার্স্ট। এরপর দেখুন কোন কোন কাজের পাশে আপনি ‘I’ লিখেছেন। এই কাজ গুলির মধ্যে যে কাজটাকে আপনার সবচেয়ে গুরুত্বপূর্ণ বলে মনে হবে, সেই কাজের পাশে 1 লিখে ফেলুন, তাতে করে বোঝা যাবে, সবার আগে এই কাজটা শেষ করতে হবে। এইভাবে ধীরে ধীরে 234 লিখতে থাকুন। আর সেই অনুসারেই একের পর এক কাজ শেষ করুন, কোনও মতেই যেন এর অনথ্যা না হয়।

এবার আসা যাক দ্বিতীয় শ্রেণীতে। সেই গুলিকে আমি ‘II’ এই অক্ষর দ্বারা চিহ্নিত করতে চাই। এই কাজ গুলির মধ্যে সেই কাজ গুলি পড়ে, যেগুলি আপনি এক্ষুণি না করলেও চলবে। কারণ এই গুলি করা বা না করার উপর আপনার ভবিষ্যৎ উজ্জ্বল হওয়া বা না হওয়ার কোনও সম্পর্ক নেই। আগের মতোই প্রাথমিকতা অনুসারে এই তালিকাতেও 1234 লিখে ফেলুন।

আর আছে তৃতীয় শ্রেণী, যেটিকে আমি ‘U’ দ্বারা চিহ্নিত করতে চাই। ইংরেজি শব্দ Urgent থেকে এটা নেওয়া হয়েছে। এই কাজ গুলি হল সেই প্রকারের কাজ যেগুলি যেকোনও অবস্থাতেই আপনাকে করতেই হবে। আর আপনি যদি সেই কাজ

গুলি তৎপরতার সাথে করে না নেন, তাহলে তার জন্য আপনাকে সমস্যায় পড়তে হতে পারে। যেমন ধরুন, আপনার সন্তানকে ডাক্তারের কাছে নিয়ে যাওয়া, শেষ তারিখের আগে বিল জমা করা, গাড়িতে তেল ভরা প্রভৃতি।

এরপর আসছে চতুর্থ শ্রেণী, যেটিকে আমি 'D' দ্বারা চিহ্নিত করেছি। এই অক্ষরটি ইংরেজি শব্দ Delegate থেকে নেওয়া হয়েছে। এই তালিকায় সেই কাজ গুলি রাখা হয়েছে, যেগুলি আপনি অন্য কাউকে দিয়ে সহজেই করিয়ে নিতে পারেন। এই সম্পর্কে আমি অধ্যায়-৮-এ বিস্তারিত আলোচনা করেছি, 'যে কাজ সুচ দিয়ে করা যায়, তার জন্য তলোয়ারের প্রয়োগ কেন?"

<u>উদাহরণ স্বরূপ একটা তালিকা দেওয়া হল</u>

ফিট থাকার জন্য জিমে যাওয়া **I-1**

মোবাইল রিচার্জের আজ শেষ দিন **U-2**

ফিল্ম দেখতে যাওয়া **II-1**

ঔষধ খাওয়া **U-1**

বই লেখা **I-2**

বাজার থেকে জিনিস-পত্র আনা **D-2**

ব্যাঙ্কে টাকা জমা করা **D-1**

বাইরে কোথাও ঘুরতে যাওয়া **II-2**

উপরের তালিকায় চোখ দিলেই বুঝতে পারবেন, ফিট থাকার জন্য জিম যাওয়া ও বই লেখার কাজকে আমি I -এ রেখেছি। ফিট থাকার জন্য জিম যাওয়া জরুরি, তাই এর পাশে আছে I-1, কারণ যদি আমার শরীরই ঠিক না থাকে, তাহলে একাগ্রতার সাথে বই লেখার কাজটা করা অসম্ভব (বই লেখা I-2) এবং এরপর আছে অন্য কাজ গুলি।

Urgent কাজ গুলিকে U দিয়ে চিহ্নিত করা হয়েছে। এই কাজ গুলি এমন শ্রেণিতে পড়ে, যে গুলি কোনও ভাবেই এড়িয়ে চলা সম্ভব না। যেমন দেখুন U-1 -এ আছে ঔষধ খাওয়া আর U-2 -তে আছে মোবাইল রিচার্জ করা। কারণ যদি মোবাইল আমরা খানিকক্ষণ বাদে রিচার্জ করি, তাহলে খুব বেশি সমস্যা হবেনা। কিন্তু যদি সময় মতো ঔষধ না খাই তাহলে অনেক রকম সমস্যা হতে পারে।

যে কাজ গুলি আপনি অন্য কাউকে দিয়ে করিয়ে নিতে পারেন, সেই গুলিকে Delegate অর্থাৎ D দ্বারা চিহ্নিত করা হয়েছে। এই ক্ষেত্রে ব্যাঙ্কে পয়সা জমা করার কাজটা সবচেয়ে গুরুত্বপূর্ণ হতে পারে, তাই সেটিকে D-1 -এ রাখা হয়েছে। কারণ ব্যাঙ্কের কাজের জন্য একটা নির্ধারিত সময় আছে। বাজার থেকে জিনিস

আপনি নিজের সুবিধা অনুসারে আনতে পারেন, তাই সেটিকে D-2 হিসাবে চিহ্নিত রা হয়েছে।

ফিল্ম দেখতে যাওয়া বা কোথাও ঘুরতে যাওয়া, খুব বেশি গুরুত্বপূর্ণ বিষয় নয়। তাই এই গুলিকে রাখা হয়েছে দ্বিতীয় তালিকায়, অর্থাৎ II -তে। একটা সিনেমা প্রেক্ষাগৃহে আসার কিছুদিন বাদেই তা চলে যায়, আর একটা নতুন সিনেমা আসে। তাই সেটিকে II-1 হিসাবে চিহ্নিত করা হয়েছে, আর যেহেতু আপনি যখন খুশি ঘুরতে যেতে পারেন, তাই সেটিকে রাখা হয়েছে II-2 -এ।

অধ্যায়-৬

সবার আগে পরিকল্পনা ও প্রস্তুতি

"সফলতার পরিভাষা খুবই সরল, যা সঠিক, সেটা সঠিক সময়ে সঠিক ভাবে করুন।" অর্নোল্ডি এইচ গ্লাসো

আত্মবিশ্বাস বৃদ্ধির সবচেয়ে ভালো উপায় হল প্রস্তুতি নেওয়া। আপনি নিশ্চয়ই অলিম্পিক দেখেছেন। চার বছরে একবার আয়োজন করা হয়। বিশ্বের প্রায় সমস্ত দেশ থেকেই বিভিন্ন খেলার সাথে যুক্ত খেলোয়াড় গণ এতে অংশ নেন।

অলিম্পিকের বেশির ভাগ খেলাই চার বছর বাদে আয়োজিত হয়। কয়েক মিনিটের মধ্যে খেলোয়াড়দের তাদের প্রদর্শন দেখাতে হয়, যার প্রস্তুতি সবচেয়ে ভালো থাকে তারই জেতার সম্ভাবনা সবথেকে বেশি হয়।

আপনি ছাত্র হন বা খেলোয়াড়, ব্যবসায়ি হন বা অন্য যেকোন পেশার সাথে যুক্ত মানুষ, আপনি যদি পরিকল্পনা মাফিক নিজের কাজে হাত দেন, তাহলে আপনি বেশ কিছুটা সময় বাঁচাতে সক্ষম হবেন, আমি নিজের অভিজ্ঞতা থেকে এই কথা বলছি।

কোনও ডাক্তার যেকোনও অপারেশন করার আগে সমস্ত রকম প্রস্তুতি নিয়ে নেয়, যেমন ধরুন প্রয়োজনীয় ঔষধ, উপকরণ প্রভৃতি। সেই সাথে তার আশেপাশে থাকে বহু সহযোগী, যেকোনও পরিস্থিতিতে তারা ডাক্তারকে সমস্ত রকম সাহায্য করতে প্রস্তুত থাকে। আপনিও ডাক্তারের মতো বুদ্ধির সাথে কাজ করুন, কাজে হাত

দেওয়ার আগে সেই সমস্ত উপকরণ নিজের হাতের কাছে রাখুন, যাতে প্রয়োজন মতো আপনি সবকিছু পেতে পারেন।

আপনি হন বা আমি, যখনই শহর থেকে বাইরে কোথাও যাওয়ার কথা হয়, তখনই কোথায় যাওয়া হবে সবার আগে সেই পরিকল্পনা করে নিই। কতদিনের জন্য যাওয়া হবে, কী কী জামা-কাপড় নেওয়া হবে, কী রকম খরচ হতে পারে, সুটকেসে সমস্ত প্রয়োজনীয় উপকরণ রাখা হবে কিনা ইত্যাদি বিভিন্ন বিষয় গুলি আগে থেকেই ভেবে নেওয়া হয়। কারণ আমাদের প্রস্তুতির উপরেই আমাদের যাত্রা কতটা সফল হবে তা নির্ভর করছে, ঠিক তেমনি জীবনের যাত্রাতেও আমরা কতটা সফল হব, তা নির্ভর করছে আমরা কীভাবে প্রস্তুতি নিচ্ছি তার উপর। বহু মানুষ আছে, যারা যুক্তি দেখায়, তারা তো জানেই না সামনের রাস্তা কেমন হবে। এমন মানুষদের সম্পর্কে বলব, যতটা দেখতে পাচ্ছেন, ততটা তো চলুন, পরের দরজা গুলো নিজের থেকেই খুলে যাবে। আমরা যদি কোথাও ঘুরতে যাওয়ার বিষয়টা পরিকল্পনা মাফিক চলতে পারি, তাহলে নিজেদের জীবন যাত্রার ক্ষেত্রে কেন পরিকল্পনা করতে পারব না ?একজন শিল্পী যেভাবে একটা মূর্তী গড়েন, ঠিক সেইভাবে আপনিও নিজের পরিকল্পনা গুলিকে সার্থক করে তোলার চেষ্টা করুন। প্রয়োজনে আপনি নিজের পরিস্থিতি অনুসারে পরিকল্পনা বদলাতে পারেন। পরিকল্পনা করে চললে, আপনি খুব শীঘ্র সেই বিষয়ে চিন্তা করতে পারবেন। পরিকল্পনা করুন, কারণ অন্য কেউ এসে আপনার সমস্যার সমাধান করবে না।

সময় পরিচালনার সাথে যুক্ত গুরুত্বপূর্ণ কিছু বিষয়

- যেভাবে কোথাও ঘুরতে যাওয়ার আগে আপনি পরিকল্পনা করেন, ঠিক সেইভাবেই জীবনের পরিকল্পনা করতে শুরু করুন। আপনি এক বছরের মধ্যে কী কী পেতে চান, আগত দুই থেকে পাঁচ বছরের মধ্যে আপনি কী কী করতে চান, সমস্ত কিছুর পরিকল্পনা করে ফেলুন।
- যখনই কোনও কাজ করবেন বলে ঠিক করেন, তার আগে প্রয়োজনীয় উপকরণ গুলি আপনার হাতের কাছে আছে কিনা দেখে নেবেন।

অধ্যায়-৭

গুরুত্ব অনুসারে কাজ ভাগ করে নিন ও তারপর ক্রমানুসারে করতে শুরু করুন

"ভবিষ্যতের সবচেয়ে বড়ো গুণ হল, তা এক-এক দিন করে এগিয়ে আসে।" আব্রাহাম লিংকন

একজন ডাক্তার অপারেশন করছিলেন, ঠিক সেই সময় তাঁর কানে ফোনের রিং-টোনের আওয়াজ যায়, এখন উনি কী করবেন, ফোন তুলবেন নাকি অপারেশন করবেন, কী মনে হচ্ছে আপনার?

এক শিশুর মা কখনই বলবে না যে, তার কাছে তার এই ছোট্ট শিশুর জন্য সময় নেই, তিনি কখনই বলবেন না, এখন আমার গুরুত্বপূর্ণ কিছু কাজ আছে,আমি ওকে পরে সামলাবো।

প্রতিটা কাজের এক-একটা আলাদা গুরুত্ব আছে, এটা আমরা সকলেই জানি। যে ব্যক্তি কাজের গুরুত্ব বুঝে যায়, আর কোন কাজ আগে করাটা বেশি জরুরি, আর কোনটা পরে, সেটা বুঝে যায়, তারাই জীবনে সফলতা অর্জন করতে সক্ষম হয়।

জীবনের কাছে যখন গুরুত্ব স্পষ্ট হয়ে ওঠে, তখন শুধু নির্ণয় নেওয়া সহজ হয়না, বরং জীবন যাপন করাটাও অনেক সহজ হয়ে দাঁড়ায়। উদাহরণ স্বরূপ আমার এক স্যারের কথা বলছি, ওনার কাছে জীবনের সবচেয়ে মূল্যবান বিষয় হচ্ছে সম্মান। তাঁর কাছে অর্থ বা অন্যান্য দ্রব্য ততটা গুরুত্বপূর্ণ ছিল না, যতটা

সম্মান। তাঁকে যদি অর্থ, পদ ও সম্মানের মধ্যে কোনও একটিকে নির্বাচন করতে বলা হত, তিনি নিঃসন্দেহে সম্মান-টাই বেছে নিতেন। তেমনি আমার খুব কাছের এক বন্ধু আছে, তাকে আপনি যাই জিজ্ঞাসা করুন না কেন, জীবনে তার কাছে কেরিয়ারের চেয়ে গুরুত্বপূর্ণ আর কিছুই নেই। ছোটর থেকেই এক বিশেষ ক্ষেত্রে সে নিজের কেরিয়ার গড়ে তোলার স্বপ্ন দেখতো, তারপর সে আর অন্য কোনও দিকে তাকাইনি। আপনার কাছে সবচেয়ে গুরুত্বপূর্ণ কী? অর্থ, পদ, পরিবার, সম্মান কোনটাকে আপনি সর্বাগ্রে রাখবেন? যদি এর মধ্যে কোনও একটাকে নির্বাচন করতে বলা হয়, তাহলে আপনি কোনটি নির্বাচন করবেন?

এরপর সবচেয়ে গুরুত্বপূর্ণ যে বিষয়টার দিকে আলোকপাত করতে চলেছি, সেটি হল, আপনি যে কাজ করতে চলেছেন, সেটা আপনার ভবিষ্যৎ গড়ে তোলার জন্য কতটা গুরুত্বপূর্ণ ভূমিকা পালন করবে? সহজ ভাষায়, আপনি তার থেকে কী পরিণাম পাবেন? আপনি যে পরিণামই পান না কেন, তার জন্য এটা জানা খুবই জরুরি যে, ওই পরিণাম আপনি কেন চাইছেন? আপনি 'কী' চাইছেন আর 'কেন' চাইছেন, যখনই এই বিষয়টা স্পষ্ট হয়ে যায়, তখনই 'কীভাবে' পেতে পারেন সেটা নির্ধারণ করতে হবে। ওই পরিণাম পাওয়ার জন্য কোন কোন কাজ করাটা জরুরি সেটা দেখতে হবে।

উদাহরণ স্বরূপ এই পুস্তকের দিকে তাকান 'রাজলনীতি টাইম ম্যানেজমেন্ট'।

- আমি কোন পরিণাম লাভ করতে চাই আমি 'রাজলনীতি টাইম ম্যানেজমেন্ট' লিখতে চাই।

- আমি 'রাজলনীতি টাইম ম্যানেজমেন্ট' কেন লিখতে চাই? সময় পরিচালনা সম্পর্কে আমি অতি কষ্টে যে জ্ঞান গুলি অর্জন করেছি সেই গুলি যাতে অন্যদের সাথে ভাগ করে নিতে পারি, সেই উদ্দেশ্যেই আমি এই পুস্তক লিখতে চাই। যাতে কম সময়ের মধ্যে আপনি আরও ভালো ভাবে নিজের আকাঙ্ক্ষিত পরিণাম লাভ করতে পারেন।

- আমি এই বই কীভাবে লিখব রাত ৮টার থেকে ১০টা পর্যন্ত সময় পরিচালনার সাথে যুক্ত গুরুত্বপূর্ণ বিষয় গুলি লিখে ফেলব। যখন আমার মনে হবে আমি যথেষ্ট লিখতে সক্ষম হয়েছি তখন আমি ফাইনাল প্রুফরুডিং করার কাজ শুরু করব। বই ছাপার পরিকল্পনা আসছে তারপর।

কাজের প্রক্রিয়া তো গুরুত্বপূর্ণ বটেই, আপনি কীভাবে নিজের আকাঙ্ক্ষিত পরিণাম লাভ করতে পারেন, সেটা তার চেয়েও বেশি গুরুত্বপূর্ণ।

সময় পরিচালনার সাথে যুক্ত গুরুত্বপূর্ণ কিছু বিষয়

- কোন কাজটা আপনার কাছে সবচেয়ে গুরুত্বপূর্ণ বলে মনে হয়, সবার আগে সেটা ঠিক করুন।
- পরিবার, অর্থ, স্বাস্থ্য, সম্মান প্রভৃতির মধ্যে আপনার কাছে কোনটা সবচেয়ে গুরুত্বপূর্ণ সেই অনুসারে একটা তালিকা প্রস্তুত করে ফেলুন। সেই সাথে আপনার কাছে এটা কেন গুরুত্বপূর্ণ সেই কারণও লিখে ফেলুন।

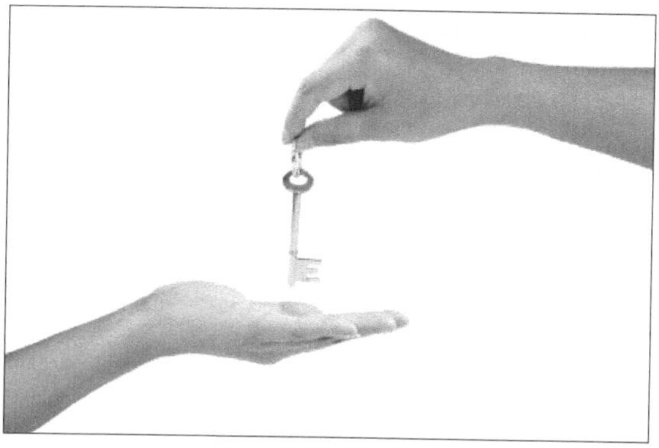

অধ্যায়-৮

সুচ দিয়ে যে কাজ হয়ে যায়, তার জন্য তলোয়ার কেন?

"ঘড়ির দিকে তাকাবেন না, বরং ঘড়ি যেভাবে এগিয়ে যায়, আপনিও সেইভাবে এগিয়ে যাওয়ার চেষ্টা করুন।" স্যামুয়েল লেভেনসন

এই পৃথিবীতে এক-একজনের মতামত এক-একরকম, প্রত্যেকের বিচার বিবেচনা ভিন্ন। কিছু ব্যক্তির মতে, পৃথিবীতে মানুষই হল এমন প্রাণী, যারা সমস্ত কাজ করতে পারে। আমার কাছে এই মতামতটা খুবই সঠিক বলে মনে হয়, আর এই বাক্যের সাথে আমি নিজের কিছুটা মতামত যুক্ত করতে চাই, "মানুষ বেশির ভাগ কাজ করতে জানে, আর খুব ভালো করে করতে পারে। সে সব কাজ করতে জানে ঠিকই, কিন্তু তার সব কাজ করা উচিত না। তার সেই কাজ গুলির দিকেই অতিরিক্ত ফোকাস দেওয়া উচিত, সেই জন্যই সবচেয়ে বেশি সময় ব্যয় করা উচিত, যার সাহায্যে তার জীবনের উদ্দেশ্য ও লক্ষ্য পূরণ হতে পারে।"

এই পুস্তকের দিকে দেখুন। হয়তো আমি হিন্দি টাইপিং শিখে নিয়ে, নিজেই এই পুস্তক টাইপিং করতে পারতাম, কিন্তু তার জন্য আমাকে যতটা সময় ব্যয় করতে হবে, সেই সময়ে আমার অন্য পুস্তক লেখার কাজ হয়ে যাবে। ঠিক তেমনি ভাবে আমাদের বাগানের গাছ গুলির পরিচর্যা আমি নিজে হাতে করতে পারি, নিজের জামা-কাপড় আমি নিজেই ধুতে পারি, এমন বহু কাজ আছে যা আমি নিজেই করতে

সক্ষম। যদি সেই সমস্ত কাজ আমি নিজে হাতে করতে চাই, তাহলে আমার হাতে সেই সমস্ত গুরুত্বপূর্ণ কাজ গুলি করার মতো সময় থাকবে না, যেগুলি শুধুমাত্র আমিই করতে পারি।

নিজের যোগ্যতার বিচার করে দেখুন, আর কম গুরুত্বপূর্ণ কাজ গুলি তাদের দিয়ে করানোর চেষ্টা করুন, যারা সেই কাজে এক্সপার্ট। যেমন ধরুন, নিজের বাগানের পরিচর্যার জন্য আপনি একজন মালি রাখতে পারেন। নিজের জামা-কাপড় ধোয়ার জন্য ধোপার সাহায্য নিতে পারেন। কোনও কাজ ছোট বা বড় হয়না, তাই সমস্ত মানুষকে সম্মান করতে শিখুন। এখানে কম গুরুত্বপূর্ণ বলতে আমি এটা বোঝাতে চাইছি যে, যে কাজের দ্বারা আপনি নিজের জীবনের উদ্দেশ্য পূরণ করতে পারছেন না, সেই কাজ গুলিকে তালিকার নিচের দিকে রাখুন।

হয়তো আমার পরামর্শ আপনার কাছে ব্যয় সাপেক্ষ বলে মনে হতে পারে, কিন্তু আপনার জন্য যে কাজ গুলি কম গুরুত্বপূর্ণ সেগুলি না করে আপনি যে সময় বাঁচাতে পারবেন, তার সদ্ব্যবহার করে আপনি নিজের যোগ্যতা ও উপার্জন দুই-ই বৃদ্ধি করতে পারেন। তাতে করে আপনার ভবিষ্যৎ উজ্জ্বল হবে।

সময় পরিচালনার সাথে যুক্ত গুরুত্বপূর্ণ বিষয়

- দৈনন্দিন জীবনে এমন বহু কাজ আছে, যা আপনার পরিবর্তে অন্য কেউ করতে পারে। আপনাকে সেই কাজ গুলি করার জন্য এমন একজনকে খুঁজে বার করতে হবে, যে আপনার হয়ে সেই কাজ গুলি করে দেবে। ওই কাজ গুলি করার বিষয়ে সে হয়তো আপনার থেকে অনেক বেশি পারদর্শী। এমন কোনও ব্যক্তিকে সেই কাজের দায়িত্ব দিন ও তাকে যথাযথ পারিশ্রমিক দেবেন। আপনার জন্য কম গুরুত্বপূর্ণ কাজ গুলি অন্যদের দিয়ে করানোর চেষ্টা করুন, যাতে আপনার সময় বাঁচে। আর সেই সময়ে আপনি নিজের গুরুত্বপূর্ণ কাজগুলি সেরে ফেলার চেষ্টা করুন।
- আপনি যদি কোনও কাজের দায়িত্ব কাউর হাতে দিয়ে থাকেন, তাহলে কাজ হয়ে যাবে এই ভেবে নিশ্চিন্তে বসে থাকবেন না। আপনাকে মাঝেমাঝে সেই বিষয়টা চেক করে দেখতে হবে, ঠিক মতো হয়েছে কিনা সেটাও দেখতে হবে। আপনি যদি আগে থেকেই কী পরিণাম চান, সেই বিষয় গুলি স্পষ্ট করে দেন তাহলে খুব ভালো হয়। আপনার যদি মনে হয়, আপনি ঠিক যেমনটা চাইছিলেন তেমনটা পাচ্ছেন না, তাহলে যত শীঘ্র সম্ভব সঠিক পথ দেখার চেষ্টা করুন।

অধ্যায়-৯

প্রত্যেক বস্তু যেন নির্দিষ্ট স্থানে থাকে

"যে ব্যক্তি নিজের জীবনের এক ঘণ্টা সময় নষ্ট করতে পারে, সে জীবনের গুরুত্বই বোঝে না।" চালর্স ডারুইন

পৃথিবীতে এমন বহু মানুষ আছেন, যারা নিজেদের একটা কাগজের টুকরো খুঁজতে গিয়ে কয়েক ঘণ্টা সময় নষ্ট করে ফেলে, আমিও তাদের মধ্যে একজন হতে পারি। বেশ খানিকক্ষণ সময় নষ্ট করে খোঁজার পরেও যে আপনি সফল হবেন, তার কোনও মানে নেই, আপনি অসফলও হতে পারেন। এই বিষয়ে জীবন আমাকে যে অভিজ্ঞতা দিয়েছে, তার ভিত্তিতে বলছি, যে কাগজটা আপনার কাছে জরুরি বলে মনে হবে, তা রেখে দিন, আর যেটা অপ্রয়োজনীয় সেটা তখনই ছিঁড়ে ফেলে দিন। জীবনের সঞ্চিত পুঁজি অর্থাৎ শিক্ষার সাথে সম্পর্কিত কাগজ গুলি একটা ফাইলে রেখে দিন। তাতে আপনার মার্কশিট, সার্টিফিকেট, রসিদ ইত্যাদি রাখুন। তেমনি ব্যবসার সাথে সম্পর্কিত হিসেব-নিকেশের কাগজ গুলি আর একটা ফাইলে রেখে দেবেন।

এমনভাবে চললে শুধু যে আপনার সময় বাঁচবে তাই না, বরং আপনার অর্থও বাঁচবে। প্রয়োজনের সময় কাগজ জমা করতে না পারলে আপনাকে অনেক সময় ক্ষতিপূরণ দিতে হতে পারে। জিনিসপত্র সম্পর্কে বলা যায়, সময় মতো জিনিস না পাওয়া গেলে আপনি নতুন জিনিস কিনতে বাধ্য হন। কিছুদিন বাদে পুরোনো

জিনিসটা খুঁজে পাওয়ার পর আফসোস হয়, তখন মনে হয় কেন বেকার অর্থ অপচয় করলেন। আপনি নির্দিষ্ট স্থানে নিজের প্রয়োজনীয় জিনিস গুলি রাখেন না বলেই এই রকম সমস্যায় পড়তে হয় আপনাকে। যেকোনও সুপার স্টোরে গেলেই একটা বিষয় সবার আগে আপনার চোখে পড়বে, সেখানে প্রতিটা জিনিস তার নিজের স্থানে সাজানো থাকে। সেখানে শতাধিক উপাদান নিজেদের স্থানে সুবিন্যস্ত থাকে।

একটা ভালো অভ্যাস গড়ে তোলার চেষ্টা করুন, শুধু কাগজ পত্র নয়, বরং দৈনন্দিন জীবনে প্রয়োজনীয় দ্রব্য গুলি সঠিক স্থানে রাখার অভ্যাস করুন। তাতে করে আপনার জীবন অনেক বেশি সরল হয়ে যাবে।

সময় পরিচালনার সাথে যুক্ত গুরুত্বপূর্ণ বিষয় গুলি

- স্পেন্সর, বিগ বাজারের মতো যেকোনও বড় সুপারস্টোরের দিকে তাকান, কীভাবে অসংখ্য দ্রব্য সেখানে সাজিয়ে রাখা হয়। একবার ভেবে দেখুন তো যদি জিনিস গুলি এইভাবে নির্দিষ্ট স্থানে রাখা না হত, তাহলে স্টোরের পরিচালনা ব্যবস্থা কোথায় গিয়ে দাঁড়াতো?

- আজ থেকেই একটা নতুন অভ্যাস গড়ে তোলার চেষ্টা করুন, যখন অপ্রয়োজনীয় কোনও কাগজ আপনার হাতে আসবে, তখনই তা ছিঁড়ে ফেলে দিন।

অধ্যায়-১০

হার্ড ওয়ার্কের থেকে স্মার্ট ওয়ার্ক শ্রেয়

"আপনার ভবিষ্যতের রহস্য, আপনার প্রতিদিনের অভ্যাসের মধ্যেই লুকিয়ে আছে।" মাইক মরড্যাক

অনেক দিন আগের কথা, এক গ্রামে দুই কাঠুরিয়া বাস করত। দুই জনেই নিজের জীবন চালানোর জন্য কাঠ কাটত। এই দুই জনের মধ্যে একজন সর্বদা বেশি কাঠ কাটত। তা দেখে অপর জনের মনে হয়, সেও যদি ওর মতো বেশি করে কাঠ কাটতে শুরু করে, তাহলে একদিন ওর থেকে এগিয়ে যেতে পারবে। প্রথমে সে এক ঘণ্টা করে বেশি কাজ করতে শুরু করে, কিন্তু তা সত্ত্বেও প্রথম জনের থেকে পিছনেই থেকে যায়।এরপর সে দুই ঘণ্টা করে বেশি কাজ করতে শুরু করে, কিন্তু কোনই ফল হয়না, বরং কাঠ আরও কম হতে থাকে। সে হতাশ হয়ে যায়, আর মনে মনে ভাবে প্রথম জনকে জিজ্ঞাসা করবে, কীভাবে সে এমন চমৎকার কাজ করে। পরের দিন সকালে সে প্রথম কাঠুরিয়ার সামনে নিজের প্রশ্ন রাখে, তখন প্রথম জন বলে, ক্রমাগত দুই ঘণ্টা কাঠ কাটার পর সে একটু বিশ্রাম নেয়, তারপর ৩০ মিনিট নিজের কুড়ুলটাতে শান দেয়, কারণ যত কাঠ কাটা হয়, কুড়ুলের ধার ততই কমতে থাকে। একটাই কুড়ুল দিয়ে যদি কাঠ কাটা হয়, তাহলে এমন একটা সময় আসবে, যখন তা দিয়ে আর একটাও কাঠ কাটা সম্ভব হবেনা।

প্রথম কাঠুরিয়া ছিল স্মার্ট ওয়ার্কার, সে বুদ্ধির সাথে নিজের কাজ করছিল,আর দ্বিতীয়জন ছিল হার্ড ওয়ার্কার, সে কঠোর পরিশ্রমের উপর বিশ্বাস রাখত, পরিণাম আপনাদের সামনেই আছে। গবেষণা করে দেখা গিয়েছে, যদি আপনি সঠিক পরিকল্পনার সাথে কোনও কাজ শুরু করেন, তাহলে আপনার প্রায় ৯০ শতাংশ সময় বেঁচে যায়। ঠিক তেমনি যদি আপনি নিজের কাজের জন্য কোনও এক্সপার্টের পরামর্শ নেন, তাহলেও আপনি নিজের অনেকটা সময় বাঁচাতে পারবেন। অতি সহজ ভাষায় বলতে গেলে বলা যায়, আমাদের সেই কাজ গুলিই করা উচিত যে কাজে আমরা নিপুণ, আর যে কাজের দ্বারা আমাদের ভবিষ্যৎ উজ্জ্বল হয়ে উঠতে পারে। অন্যান্য কাজের জন্য সেই সমস্ত লোকেদের উপর ভরসা করতে পারেন, যারা ওই কাজ গুলিতে যথেষ্ট নিপুণ। উদাহরণ হিসাবে বলা যায়, যদি আপনি একজন ব্যবসায়ি হন, আপনার প্রধান কাজ যদি ব্যবসা হয়, তাহলে ব্যবসার সাথে সম্পর্কিত ছোটখাট বিষয় গুলি আপনাকে খুব ভালো করে জানতে হবে। নিজের ব্যবসায় আপনি গ্রাহকদের কীভাবে আরও ভালো সেবা প্রদান করতে পারেন, সেই সাথে কীভাবে নিজের লাভ বৃদ্ধি করা যায়, সেদিকেও খেয়াল রাখতে হবে। নিজের বেশির ভাগ সময়টা এই বিষয় নিয়ে ভাবনা চিন্তার কাজে ব্যয় করুন। নিজের অন্যান্য কাজ গুলির জন্য আপনি অন্যদের সাহায্য নিতে পারেন, যেমন ধরুন গাড়ি চালানোর জন্য ড্রাইভারের সহায়তা নিতে পারেন, আইনগত কোনও সমস্যা থাকলে আপনি কোনও উকিলের সাহায্য নিতে পারেন। আজকের আধুনিক জগতে আপনি সবক্ষেত্রে কোনও না কোনও বিশেষজ্ঞ অবশ্যই দেখতে পাবেন। তাই নিজের জন্য কম গুরুত্বপূর্ণ কাজ গুলির ক্ষেত্রে সেই বিষয়ে নিপুণ কোনও মানুষের ওপর ভরসা করুন।

সময় পরিচালনার সাথে যুক্ত গুরুত্বপূর্ণ বিষয়

- কোন কাজে আপনি সবচেয়ে বেশি সময় দিচ্ছেন, তার জন্য সর্বাধিক পরিশ্রমও করছেন, কিন্তু পরিণামের গ্রাফ দিনে দিনে নিম্নমুখি হচ্ছে, সেদিকটা খোতিয়ে দেখুন। এমন কেউ আছে কি, যে আপনার থেকে কম সময়ে খুব ভালো ভাবে কাজটা সম্পন্ন করতে পারছে? তাহলে তার প্রক্রিয়া রপ্ত করার চেষ্টা করুন, সেদিকে জোর দিন।
- এমন কোন কাজ আছে যা সুযোগ পেলেও আপনি পুনরায় শুরু করতে চান না? যদি সেই কাজ আপনার জন্য খুব বেশি গুরুত্বপূর্ণ বলে মনে না হয়, তাহলে আপনি সেই কাজ বন্ধ করে দিতে পারেন।

অধ্যায়-১১

অতীত ও ভবিষ্যতের উপর আমাদের কোনও নিয়ন্ত্রণ নেই, আজকের দিনটা নিয়ন্ত্রণাধীন

“পিছনে তাকাবেন না, ভবিষ্যতের স্বপ্নও দেখবেন না। তাতে করে না চলে যাওয়া সময় ফিরে পাবেন আর নিজের স্বপ্নও পূরণ হবেনা। আপনার কর্তব্য, আপনার ভাগ্য এবং আপনার পুরস্কার বর্তমান সময়ের মধ্যেই নিহত আছে।” ড্যাগ হ্যামরস্কোল্ড

আমরা যদি ফেলে আসা সময়ে ফিরে যেতে পারতাম, তাহলে কত ভালোই না হত। তাতে করে আমরা নিজেদের বহু ভুল ত্রুটি সংশোধন করতে পারতাম। ঠিক একই ভাবে যদি আমরা নিজেদের ভবিষ্যতে পৌঁছে যেতে পারতাম? তাহলে অন্যদের আগে আমরা সেই কাজ গুলি করে ফেলতে পারতাম।

এমনটা কি সম্ভব? কখনই ‘না’।

এই পৃথিবীতে ঈশ্বর বিভিন্ন রকম মানুষ সৃষ্টি করেছেন। কেউ কালো তো কেউ ফর্সা, কেউ লম্বা তো কেউ বেঁটে ইত্যাদি। কিন্তু সকলকেই তিনি ২৪ ঘণ্টার জালে জড়িয়ে রেখেছেন। এই ২৪ ঘণ্টা সময় সে অপচয় করবে নাকি এর সদ্ব্যবহার করবে তা একেবারেই তার নিজের উপর নির্ভর করছে। একটা দিন মানে আপনার হারে ১৪৪০ মিনিট সময় থাকে। আপনি এই সময় কীভাবে কাটাবেন, তা সম্পূর্ণ রূপে আপনার উপর নির্ভর করছে।

নিউটনের একটা সূত্র অনুসারে, কোনও গতিশীল বস্তু বা কোনও স্থির বস্তু ততক্ষণ পর্যন্ত নিজেদের অবস্থার পরিবর্তন করেনা, যতক্ষণ না বাইরে থেকে তাদের উপর কোনও রকম বল প্রয়োগ করা হচ্ছে। আমার মনে হয়, নিউটনের এই সিদ্ধান্ত শুধুমাত্র কোনও বস্তুর ক্ষেত্রেই প্রযোজ্য নয়, বরং মানুষ যে সমস্ত কাজ গুলি করে, সেই গুলির ক্ষেত্রেও সমান ভাবে প্রযোজ্য। আমাদের বেশির ভাগ মানুষের ক্ষেত্রে একটা সাধারণ সমস্যা দেখা যায়, যখন আমরা কোনও কাজ করতে শুরু করি, তখন আমাদের তা করতে ইচ্ছাই করেনা। আর সেই কারণে আমরা কিছুতেই একাগ্র হতে পারিনা। কিন্তু রাল্ফ ভাল্ডো ইমরসন বলেছেন, কোনও কাজ ফেলে না রেখে, করতে শুরু করুন, আপনি নিজের থেকেই সেই কাজ শেষ করার শক্তি পেয়ে যাবেন।

অনেক সময় মাঝপথে কোনও বাধার সৃষ্টি হতে পারে বা সমস্যায় পড়তে পারি, সে কথা ভেবে আমরা কাজেই হাতে দিই না। আপনি যখন বাড়ি থেকে কোথাও যাওয়ার উদ্দেশে বেরান, তখন কি সমস্ত সিগনালেই সবুজ আলো জ্বলবে, এই আশা নিয়ে বেরান? সিগনাল পর্যন্ত পৌঁছানোর পর আপনি বুঝতে পারেন, সেখানে সবুজ আলো জ্বলছে নাকি অন্য কোনও আলো, অর্থাৎ রাস্তায় ট্রাফিকের অবস্থা কী রকম, সেই বিষয়ে একটা ধারণা জন্মায়। যদি সবুজ আলো না থাকে তাহলে আপনাকে খানিকক্ষণ অপেক্ষা করতে হয়, আর তারপরই আপনি নিজের গন্তব্যের উদ্দেশে রওনা দিতে পারেন।

আমি কোনও একটা জায়গায় পড়েছিলাম, যখন আপনার কোনও কাজ করতে ইচ্ছা করবে না, তখন মেশিনের দিকে দেখুন ও সেখান থেকে প্রেরণা নেওয়ার চেষ্টা করুন। নিজের লক্ষ্য পূরণের জন্য যা যা করা যায়, সেই সমস্ত কাজ করুন, একদিন নয় বরং প্রতিদিন করুন।

কখনও কোনও মেশিনকে বলতে শুনেছেন কি, আমার এখন কাজ করতে ভালো লাগছে না, আমার এখন কাজ করার মুড নেই বা আমি বোর হচ্ছি ইত্যাদি?

মেশিন কখনও কোনও রকম বাহানা দিতে জানে না, তাই মেশিনের উৎপাদন ক্ষমতা এত বেশি হয়।

তাই যখনই কোনও কাজ করতে ইচ্ছা করবে না, তখন মেশিনের দিকে তাকান এবং তার মতো হওয়ার চেষ্টা করে কাজ করা শুরু করে দিন। আর কাজ করতে থাকুন। তাতে করে শুধু যে আপনার উৎপাদন ক্ষমতা বৃদ্ধি পাবে, তাই নয়, সেই সাথে আপনি দিনের ২৪ ঘণ্টার সঠিক ব্যবহার করতে সক্ষম হবেন। নাইক কম্পানির বিজ্ঞাপনের কথা ভুলবেন না, 'just do it' অর্থাৎ শুধু এটা করে ফেল।

সময় পরিচালনা সম্পর্কিত গুরুত্বপূর্ণ কিছু বিষয়

❖ একটা প্রশ্ন আপনাকে অনেকটা সাহায্য করতে পারে, ‘‘আমি কীভাবে নিজের সময়ের সদ্ব্যবহার করতে পারি?’এই প্রশ্নের উত্তর দিতে পারলেই আপনি বুঝতে পারবেন, কোন কাজ আপনার জন্য সবচেয়ে মূল্যবান, অর্থাৎ কোন কাজ আপনাকে ভবিষ্যতের দিকে এগিয়ে নিয়ে যেতে পারে। কারণ আমরা একটা সময়ে একটা মাত্র কাজ করতে পারি। ইমরসনের কথা মনে রাখুন, কাজ শুরু করে দিন, কাজ করার শক্তি আপনি নিজের থেকেই পেয়ে যাবেন। মেশিনের থেকে প্রেরণা নিন ও কোনও রকম বাহানা না করে কাজে লেগে পড়ুন।

অধ্যায়-১২

বাজে বিষয় নিয়ে চিন্তা না করে নিজের সময় বাঁচান

"থেমে যাবেন না কারণ কোনও কাজ করার জন্য সবচেয়ে সঠিক সময় তাহলে কোনও দিন আসবে না।" নেপোলিয়ান হিল

এক দেশে একটা গবেষণা করা হয়, সেই গবেষণার বিষয় ছিল, "মানুষের মনে যে নেগেটিভ চিন্তা আসে, তার পরিণাম কী হয়!"এই গবেষণায় প্রায় ১০০০ জন লোকের উপর করা হয়েছিল, তবে গবেষণার থেকে যে পরিণাম পাওয়া গিয়েছিল, তা ছিল চমকপ্রদ।

সেই নেগেটিভ বিচার/কল্পনা গুলির মধ্যে ৮৫ শতাংশ ঘটনা বাস্তবে রূপায়িত হয়নি। ৮ শতাংশ ঘটনা এমন ছিল, যেগুলি বুদ্ধির সাথে বিবেচনা করলে বদলানো যেতে পারত বা বদলানো গিয়েছে। ৭ শতাংশ এমন ঘটনা ছিল, যার উপর কোনও মানুষের নিয়ন্ত্রণ ছিল না।

যদি আমরা এই গবেষণার বিষয়টা ভালো করে দেখি, তাহলে দেখব, ১০০০-এর মধ্যে ৮৫০ টা ঘটনা ঘটেই না, যেগুলির কল্পনা আমরা করে থাকি। অর্থাৎ অর্ধেকের বেশি নেগেটিভ ঘটনা আপনার জীবনে ঘটেই না। তাহলে অতি সহজেই বলা যায়, আমাদের সফল হওয়ার সম্ভাবনা অনেক বেশি। কিন্তু যদি অস ফল হয়ে যাই, সেই ভয়ে আমরা কাজই শুরু করিনা। আমরা কাজে হাতই দিই না। আর কী হবে সেই চিন্তায় সম্পূর্ণ সময়টা নষ্ট করে ফেলি।

এই সমস্যার সবচেয়ে ভালো সমাধান পাওয়া যায় 'গীতা'-তে। সেখানে ভগবান শ্রীকৃষ্ণ বলেছেন, "কর্ম কর, ফলের আশা কর না।"

এখানে কর্ম করার অর্থ ছোটখাট চেষ্টা করা নয়, বরং এখানে চেষ্টা করা বলতে নিজের সবটা দিয়ে চেষ্টা করার কথা বলা হয়েছে, সার্থক প্রয়াসের কথা বলা হয়েছে। যার জন্য আপনি একাগ্রতার সাথে নিজেকে সমর্পণ করে দিয়ে সেই কাজ করতে পারেন। একেবারে সেই রাজার কথা ভেবে দেখুন, যিনি নদীর ধারে পৌঁছে নিজের সেনাদের নৌকা জ্বালানোর আদেশ দিয়েছিলেন, যাতে করে তারা যুদ্ধ ক্ষেত্র ছেড়ে কোনও ভাবে পালাতে না পারে। তাতে করে সকলের চোখ শুধুমাত্র জয়ের দিকেই টিকে ছিল।

সময় পরিচালনা সম্পর্কিত কিছু বিষয়

- আপনি যদি বেশি রোজগার করতে চান, তাহলে আপনাকে অবশ্যই বেশি শিখতে হবে। প্রত্যেক ৫ থেকে ৭ বছরে জানার পরিধি দ্বিগুন হয়ে যাচ্ছে। যার ফলে আপনি যাই করুন না কেন, আপনাকে দিনে এক ঘণ্টা অবশ্যই পড়াশোনা করতে হবে। আপনি যে ক্ষেত্রের সাথে যুক্ত আছেন, সেই ক্ষেত্রের সাথে সম্পর্কিত বিষয় নিয়ে পড়াশোনা করুন।
- অনেক সময় এমন কিছু জিনিস, যেমন- ল্যাপটপ, টিভি, ইত্যাদি কেনার পর আমরা জানতে পারি সেই গুলির সার্ভিস সেন্টার আমাদের শহরে নেই, যার ফলে সেগুলিকে সেটিং করার জন্য আমাদের অন্য শহরে পাঠাতে হয়, তাতে করে আমাদের বেশ খানিকটা সময় নষ্ট হয়। সেই জন্য এমন জিনিস কিনুন, যেগুলির সার্ভিস সেন্টার আপনার শহরেই আছে।

অধ্যায়-১৩

গুরুত্বহীন কাজ গুলিকে এড়িয়ে চলতে পারেন

"সময়ের অভাব নেই, কিন্তু সঠিক পথটা খুঁজে পাওয়াই সবচেয়ে বড় সমস্যা, কারণ আমাদের সকলের কাছে সময় সেই ২৪ ঘণ্টাই।"
জিগ জিগলর

হয়তো এই পৃথিবীর সবচেয়ে দুঃখ জনক বাক্য হল, "আমি ওই কাজটা করতে পারতাম, কিন্তু করিনি।" আমরা আজ পর্যন্ত জীবনে যতগুলি সিদ্ধান্ত নিয়েছি, তারই প্রতিফলন দেখা যায় আমাদের বর্তমান জীবনে। আর আমরা বর্তমানে যে সিদ্ধান্ত গুলি নিচ্ছি, তার উপর নির্ভর করে আমাদের ভবিষ্যৎ কেমন হবে।

এখানে আমি সেই কথা বলতে চাইছি, যেক্ষেত্রে হয়তো আপনি কাজটা করেছেন, কিন্তু যদি তা সময় মতো না করেন তাহলে তার থেকে খুব বেশি লাভবান হতে পারবেন না।

একজন ছাত্র পরীক্ষার আগে টিভি দেখে বা খেলে সময় নষ্ট করবে নাকি পড়াশোনা করে ভালো রেজাল্ট করবে সেটা নির্ভর করছে তার সিদ্ধান্তের উপর। কারণ, যদি টিভি দেখে বা খেলে সময় নষ্ট করে, তাহলে তাকে তার দুষ্পরিণাম ভুগতে হবে।

আপনি যদি নিজের ভবিষ্যৎ বদলাতে চান, আপনাকে নিজেকে অনুশাসনের মধ্যে রাখতে হবে। আপনার ইচ্ছা করুক বা নাই করুক, আপনাকে সেই গুরুত্বপূর্ণ

কাজ গুলি করতেই হবে, যার দ্বারা আপনার ভবিষ্যৎ উজ্জ্বল হতে পারে। আপনার কাছে যদি সময় কম হয়, আর প্রলোভন বেশি থাকে তাহলে আপনি মনোরঞ্জন করে সময় কাটাবেন নাকি গুরুত্বপূর্ণ কাজে মন দেবেন, তা সম্পূর্ণ ভাবেই আপনার উপর নির্ভর করছে। এমন ক্ষেত্রে অবশ্যই গুরুত্বপূর্ণ কাজ গুলি সেরে ফেলার চেষ্টা করুন। কারণ, আপনার সফলতা শুধু যে আপনাকে প্রগতি দেবে তাই নয়, বরং তার জন্য আপনার সাথে সম্পর্কিত মানুষরাও প্রগতির দিকে এগিয়ে যাবে। হয়তো আপনার ছেলে বা মেয়ে আপনাকে বাবা বলে পরিচয় দিতে গর্ববোধ করতে পারে। হয়তো আপনার বাবা-মা আপনাকে সন্তান হিসাবে পেয়ে গর্ববোধ করতে পারেন। আপনার স্ত্রীও হয়তো আপনাকে স্বামী হিসাবে পেয়ে গর্ববোধ করবে। তাই গুরুত্বপূর্ণ কাজ গুলি করার চেষ্টা করুন, আর কম গুরুত্বপূর্ণ কাজ গুলিকে এড়িয়ে চলুন।

সময় পরিচালনা সম্পর্কিত কিছু বিষয়

- ❖ এড়িয়ে চলারও দুটি দিক আছে, একটা পজেটিভ আর অপরটি লেগেটিভ। যে কাজ গুলি আপনার জন্য কম গুরুত্বপূর্ণ বলে মনে হবে, সেই গুলি এড়িয়ে চলার চেষ্টা করুন। সবচেয়ে গুরুত্বপূর্ণ কাজ গুলি করার জন্য অপেক্ষাকৃত কম গুরুত্বপূর্ণ কাজ গুলিকে এড়িয়ে চলতেই পারেন। কতগুলি কাজ এতটাই জরুরি থাকে যেগুলি আপনাকে তখনই সেরে ফেলতে হয়, আর এমন কিছু গুরুত্বপূর্ণ কাজ আছে, যেগুলি করলে আপনার ভবিষ্যৎ উজ্জ্বল হবে।
- ❖ ডব্লু ক্লেমেন্ট স্টোন কীভাবে আপনি এই এড়িয়ে চলার প্রবনতা থেকে রেহাই পেতে পারেন তা বলেছিলেন, তাঁর ফর্মুলা হল do it now অর্থাৎ ‘এক্ষুণি করুন’।
- ❖ সফল ব্যক্তিরা জানে কোন কাজ আগে করতে হবে আর কোন কাজ পরে। তাই তাদের কাছে গুরুত্বপূর্ণ বলে মনে হওয়া কাজ গুলিকে কখনই তারা ফেলে রাখে না আর সেই কারণেই সফলতার উচ্চ শিখরে পৌঁছাতে পারে।

অধ্যায়-১৪

নির্দিষ্ট সময়ে কাজ শেষ করার অভ্যাস করুন

“সবর্দা দৌড়ালে হয়না, কখনও হাঁটতেও হয়।” ফ্রান্সের প্রবাদ

আপনি যখন কোনও সফল ব্যক্তির জীবনী পড়বেন, তখন তাঁদের মধ্যে একটা বিশেষ অভ্যাস লক্ষ্য করবেন। আর সেই অভ্যাস হল, তাঁরা সময়ের সাথে চলতে জানেন। তাঁর যে তাড়াতাড়ি ঘুম থেকে ওঠেন, তাই নয়, সেই সাথে প্রতিটা কাজ সময় মতো সেরে ফেলেন। তাঁরা ভোর বেলা ঘুম থেকে ওঠেন, কারণ তাঁরা জানেন, নিজেদের কাজ সম্পূর্ণ করার জন্য তাঁদের সাধারণ মানুষদের আগে ঘুম থেকে উঠতেই হবে। আমাদের মতো তাঁদের জীবনেও বহু সমস্যা ও দায়িত্ব থাকে, সেই কারণে দৈনন্দিন কাজগুলিকে শীঘ্র সম্পন্ন করার জন্য তাঁরা ভোর ভোর বিছানা ত্যাগ করেন। নিজেদের দৈনিক কাজগুলি শেষ করার পর তাঁদের হাতে যে সময় বেঁচে থাকে সেই সময়টা তাঁরা খুবই বুদ্ধির সাথে ব্যবহার করেন, যাতে তাঁরা নিজেদের স্বপ্ন, লক্ষ্য পূরণ করতে পারেন।

আপনি যখন কোনও কাজ একটা নির্দিষ্ট সময়ে করার অভ্যাস করেন, তখন সেই অভ্যাস আপনি বজায় রাখতে পারেন কিনা সেটাও বড়ো একটা প্রশ্ন হয়ে দাঁড়ায়, কারণ এই অভ্যাস আপনাকে সফলতার পথে এগিয়ে নিয়ে যেতে সাহায্য করবে। মানুষ যখন তাদের দৈনন্দিন জীবনে সফল অভ্যাস রপ্ত করতে শিখে যায়, তখনই তারা জীবনে সফলতার মুখ দেখতে সক্ষম হয়।

সকালে ঘুম থেকে উঠে ব্যায়াম করা, ভালো পুষ্টিকর খাদ্য গ্রহণ করা, নিজের উন্নতির জন্য ভালো বই পড়া, প্রভৃতি সফল মানুষদের সফল অভ্যাসের মধ্যে পড়ে। অন্যদিকে ঘণ্টার পর ঘণ্টা টিভি-র সামনে বসে থাকা, গান শোনা, অকারণে এদিক-সেদিক ঘুরে বেরানো, বাজে বকবক করা, অকারণে তর্ক করা, অসফল লোকেদের অভ্যাস। এবার আপনি অনুশাসনের মধ্যে দিয়ে চলবেন কিনা তা সম্পূর্ণরূপে নির্ভর করছে আপনার উপর। প্রয়োজনীয় কাজ গুলি সময় থাকতে সেরে ফেলার অভ্যাস আপনাকে একটা নিশ্চিত পরিণাম প্রদান করে। তাই অসফল হওয়ার অভ্যাস ত্যাগ করে সফল হওয়ার অভ্যাস গ্রহণ করার চেষ্টা করুন ও সফলতা লাভ করুন।

সময় পরিচালনা সম্পর্কিত কিছু বিষয়

- বেশ খানিকটা সময় নিজের হাতে নিন, অর্থাৎ ৬০ থেকে ৯০ মিনিট সময়। গবেষণা থেকে দেখা গিয়েছে, বেশিরভাগ গুরুত্বপূর্ণ কাজ করার জন্য কমপক্ষে ক্রমাগত এক থেকে দুই ঘণ্টা সময় লাগে। আপনি সকালে শীঘ্র বিছানা ত্যাগ করুন ও নিজের সমস্ত গুরুত্বপূর্ণ কাজ গুলি সেরে নিন। ঠিক সেই রকম, অফিস ছুটি হওয়ার পর বাড়ি না ফিরে খানিক ক্ষণ অফিসেই থেকে যেতে পারেন, ও পরের দিনের গুরুত্বপূর্ণ কাজ গুলি খানিকটা এগিয়ে রাখতে পারেন।
- যখনই ট্রেন/বাস/প্লেনে বসবেন, জানলার ধারে বসার চেষ্টা করুন, যাতে কেউ আপনার কাজে বাধার সৃষ্টি করতে না পারে। আর আপনি নিজের গুরুত্বপূর্ণ কাজগুলি সেরে নিতে পারেন। সেই সময় আপনি কিছু পড়তে পারেন বা গুরুত্বপূর্ণ কোনও পরিকল্পনা করে নিতে পারেন।

অধ্যায়-১৫

অন্যরা যাতে শুধু সমস্যা নয়, সমাধান নিয়েও আপনার কাছে আসে, তার জন্য উৎসাহ দিন

"আমরা বলি, আমরা সময় নষ্ট করেছি, কিন্তু আসলে আমরা নিজেদের নষ্ট করি।"

আপনি নিজের বেশিরভাগ সময়টা অন্যদের সৃষ্ট সমস্যার সমাধান করতে গিয়েই কাটিয়ে ফেলেন। যার ফলে আপনার নিজের সমস্যার দিকে তাকানো হয়না। আর সেই সমস্যার সমাধান হওয়ার পর আপনার অনেকটা মূল্যবান সময় নষ্ট হয়ে যায়, আর অন্যদিকে ওই ব্যক্তি সম্পূর্ণ রূপে আপনার উপর নির্ভরশীল হয়ে পড়ে। এতে করে সে যখনই সমস্যায় পড়বে তখন কীভাবে তার সমাধান করা যায়, সেই নিয়ে কোনও রকম চিন্তা ভাবনা না করে সোজা আপনার কাছে এসে যাবে। আর এই রকম পরিস্থিতি আপনার কাজের বোঝা কম করার বদলে দিনে দিনে বৃদ্ধি করতে থাকবে। শেষ পর্যন্ত দেখবেন, আপনার হাতে গুরুত্বপূর্ণ কাজ গুলি করার মতো সময়ও আর বেঁচে নেই।

এই বিষয়টা শুধুমাত্র ব্যবসার ক্ষেত্রে নয়, বরং জীবনের সমস্ত ক্ষেত্রে একইভাবে প্রযোজ্য। যখনই কেউ আপনার কাছে কোনও সমস্যা নিয়ে হাজির হবে, তখন তাকে সেই সমস্যার সম্ভাব্য সমাধান কী হতে পারে, সেই প্রশ্ন করুন। এতে করে ধীরে ধীরে তার জ্ঞান বৃদ্ধি পাবে এবং সে নিজের সমস্যা নিজেই সমাধান করতে শিখে

যাবেন। সে যদি নিজের ছোট ছোট সমস্যার সমাধান করে নিতে পারে, তাহলে আপনার জন্যও খানিকটা সুবিধা হবে, কারণ এতে করে আপনার নিজের কাজের বোঝা খানিকটা কমবে। আপনি নিজের গুরুত্বপূর্ণ কাজ গুলির পিছনে সময় দিতে পারবেন, তাতে করে আপনি সফল হওয়ার সুযোগ পাবেন। তাহলে এখন থেকেই ঠিক করে নিন, যারা আপনার কাছে নিজেদের সমস্যা নিয়ে আসবে, তাদের সেই সাথে সমাধান খুঁজে আনতে বলবেন, সেই কাজের জন্য তাদের উৎসাহ দিন। এমনটা করতে থাকলে তারা আপনার উপর নির্ভরশীল হওয়ার বদলে আত্ম-নির্ভর হয়ে উঠবে।

সময় পরিচালনা সম্পর্কিত কিছু বিষয়

- ❖ যারা বাজে বকতে (এমন লোক যাদের কাছে নিজেদের সময়ের কোনও গুরুত্ব নেই, তাই তারা মনে করে, আপনার সময়েরও কোনও গুরুত্ব নেই। এমন ধরনের লোকেদের জীবনে কোনও উদ্দেশ্য থাকেনা।) আসে, তাদের কিছুতেই বেশি সময় দেবেন না, খুব বেশি হলে ১৫ থেকে ২০ মিনিট সময় দিন।
- ❖ যখনই কেউ আপনার কাছে কোনও সমস্যা নিয়ে হাজির হবে, তখন তাকে সেই সমস্যার সম্ভাব্য সমাধান কী কী হতে পারে জিজ্ঞাসা করুন। কিছুক্ষণ থামুন ও তাকে ভাবতে দিন, তার জবাব শোনার পর তাকে পরামর্শ দিন, আপনার জানা সমাধান গুলি বলে দিতে পারেন।

অধ্যায়-১৬

সময় সীমা নির্ধারণ করুন

“সময় খুবই মূল্যবান, তাই বুঝে শুনে নষ্ট করুন।” অজ্ঞাত

এক মহান ব্যক্তিকে জিজ্ঞাসা করা হয়েছিল, এমন একটা স্থানের নাম বলুন, যেখানে একই স্থানে, একই সময়ে সবচেয়ে বেশি প্রতিভার সন্ধান পাওয়া যেতে পারে। ওই মহান ব্যক্তির দেওয়া উত্তর শুনে প্রশ্ন কর্তা একটু অবাক হয়। কারণ সেই জায়গার নাম ছিল কবরস্থান। কারণ ওখানে এমন অনেক লোক শুয়ে ছিল যাদের ঈশ্বর প্রদত্ত প্রতিভার কোনও অভাব ছিল না, তারা ভাবত ভবিষ্যতে তারা সেই প্রতিভার ব্যবহার করবে, আর সেই ভেবে তারা সবকিছু এড়িয়ে চলতে শুরু করে। একদিন তাদের হাতের সমস্ত সময় শেষ হয়ে যায়, তাদের শেষ গন্তব্য কবরস্থানে আসতে হয় তাদের।

একই রকম অবস্থা আপনি ক্রিকেট ম্যাচের ক্ষেত্রেও দেখতে পাবেন। তা ৫০ ওভারের হোক বা ২০ ওভারের বা ৫ দিনের। ম্যাচের পরিণাম এইটুকু সময়ের মধ্যেই বেরিয়ে আসে। ম্যাচের নির্ধারিত সময় (৫০ ওভার বা ২০ ওভার বা ৫ দিন) শেষ হয়ে যাওয়ার পর আপনি যতই চেষ্টা করুন না কেন, আর কিছুতেই জিততে পারবেন না।

আপনার যদি এড়িয়ে চলার প্রবনতা থাকে তাহলে আপনি সমস্ত গুরুত্ব পূর্ণ কাজ একটা নির্দিষ্ট সময়ের মধ্যে শেষ করার চেষ্টা করুন, এই সময় সীমা যেন

দীর্ঘকালীন না হয়, অর্থাৎ যত তাড়াতাড়ি সম্ভব কাজ শেষ করার চেষ্টা করুন। সহজ ভাষায় বলা যায়, ওই কাজের জন্য ততটা সময়ই ব্যয় করুন, যতটা না করলে নয়। তবুও যদি আপনি সময়ের মধ্যে কাজ শেষ করতে না পারেন, তাহলে সামান্য সময় বৃদ্ধি করতে পারেন। তবে নিজেকে অনুশাসনের মধ্যে রাখার চেষ্টা করুন, সব কাজ সময়ের মধ্যে শেষ করার চেষ্টা করুন। সেই কাজ শেষ হয়ে যাওয়ার পর, পরবর্তী গুরুত্বপূর্ণ কাজের জন্য সময় সীমা নির্ধারণ করুন। আপনি যখন সমস্ত গুরুত্বপূর্ণ কাজ একটা নির্দিষ্ট সময়ের মধ্যে করার অভ্যাস গড়ে তোলেন, তখন শীঘ্রই আপনি সমাজের সফল ব্যক্তিদের শ্রেণীতে নিজের স্থান করে নিতে সক্ষম হন।

সময় পরিচালনা সম্পর্কিত কিছু বিষয়

- সময় সীমা ও তার পরিণাম যে কোনও কাজ করার জন্য একটা নির্দিষ্ট সময় সীমা নির্ধারণ করুন। আর সেই সময়ের মধ্যে নিজের কাজ শেষ করার চেষ্টা করুন। যদি সেই সময়ের মধ্যে কাজ শেষ করে উঠতে না পারেন, তাহলে সময় সীমা বৃদ্ধি করুন। পাকিন্সন নিয়ম বলছে, যদি আপনার হাতে সময় না থাকে তাহলে আপনি সেই সময়টুকুর মধ্যেই নিজের কাজ শেষ করতে পারবেন। যেমন ধরুন, আমরা বেশ কিছুদিন ছুটি কাটাতে যাওয়ার আগে নিজেদের সমস্ত প্রয়োজনীয় কাজ শেষ করেই যাই। অন্যদিকে যদি আপনার হাতে সময় থাকে, তাহলে আপনি সেই কাজ আরাম করে হাতে সময় নিয়ে করেন। একটা ছোট্ট কাজ করতে গিয়েও আপনি অনেকটা সময় কাটিয়ে দেন।
- সাধারণত আমরা যে কাজই করিনা কেন, কিছু না কিছু পাওয়ার আশাতেই আমরা সেই কাজে হাত দিই। যদি কোনও কাজ করার বিষয়ে আপনার এড়িয়ে চলার প্রবনতা দেখা দেয়, তাহলে এমন কোনও উপায় বার করুন, যাতে মন থেকে সেই কাজ করেন। ধরুন আপনি এমন একটা প্রোজেক্টে কাজ করছেন, যেটা সফল করতে আপনার তিনমাস সময় লেগে গিয়েছে। এরপর আপনি একটা সিনেমা দেখুন বা এমন কিছু করুন যাতে নিজেকে পুরস্কৃত করা যায়। আসল কথা হল, গুরুত্বপূর্ণ কাজ সম্পূর্ণ করাটা খুবই জরুরি।

অধ্যায়-১৭

একটু সময় বার করে নিজেকে চিনুন

"যাই করুন না কেন, সময় নষ্ট করবেন না (মারবেন না), কারণ তাহলে সময় আপনাকে নষ্ট করে দেবে (মেরে ফেলবে)।" পল কোএলো

এই পৃথিবীর সবচেয়ে বড় সমস্যা হল, মানুষ সমাজ, লোক এবং বিষয়ের সম্পর্কে প্রচুর জ্ঞান রাখে, তা নিয়ে অনেক বড় বড় কথাও বলে, কিন্তু নিজের বিষয়ে খুবই কম জানে।

যেমন ধরুন, মানুষ হিসাবে আমাদের জীবনের কিছু উদ্দেশ্য আছে, আমাদের লক্ষ্য আছে, কোনও বিষয়ে আমরা সবল তো কোনও বিষয়ে দুর্বল ইত্যাদি।

আজ প্রতিটা মানুষের জীবনই খুবই ব্যস্ত, তার থেকে একটু সময় বার করুন, একটু দাঁড়ান আর দেখুন আপনি কোথায় আছেন।

মহান মানুষ তাঁরাই, যারা এই পৃথিবীতে কেন জন্মেছেন তা জানেন, অর্থাৎ যাঁদের কাছে নিজেদের লক্ষ্য খুবই স্পষ্ট। তারা জীবনে যা চায়, তা তারা নিজেদের জীবন থেকে প্রাপ্ত করতে সক্ষম হয়।

আমরা যে দিকটাতে সবল, সেটাই আমাদের বলে দেয়, আমাদের কী করা উচিত। তাতে করে আপনি জীবনের পথে সহজেই এগিয়ে যেতে পারেন। আর দুর্বল দিকটা আমাদের বলে দেয়, কোন ব্যাপারে আমাদের সংশোধনের প্রয়োজন আছে। আপনি যদি নিজের সেই দিকটা সংশোধন করতে পারেন, তাহলে অবশ্যই জীবনের পথে এগিয়ে যাবেন।

এই বিষয় গুলি সম্পর্কে আপনি সচেতন হলে সময় সম্পর্কেও সচেতন হয়ে যাবেন। আপনি যেভাবে সময় অতিবাহিত করছেন, তাতে আপনার জীবনের উদ্দেশ্য পূরণ হচ্ছে কিনা, সেই প্রশ্ন নিজের থেকেই আপনার মাথায় আসবে। আমাদের জীবনের মূল্যবোধ ও কাজের মধ্যে সামঞ্জস্য বজায় থাকবে। আমাদের আত্মবিশ্বাস ও খুশির স্তর ততটাই উঁচুতে থাকবে, অথচ তা না থাকলে খুশি ও আত্মবিশ্বাস কম হতে শুরু করবে।

সময় পরিচালনা সম্পর্কিত কিছু বিষয়

- যেখান থেকে গুরুত্বপূর্ণ পরিণাম পাওয়া যায় আপনি কী ধরনের পরিণাম চাইছেন? আপনাকে কীসের জন্য কাজে রাখা হয়েছে? আপনি চাকুরিজীবী হন বা ব্যবসায়ি, আপনার জীবিকার উপর আপনার উপার্জন নির্ভর করে। সেই বিষয়টাই আপনার ভবিষ্যৎ নির্ধারণ করে।
- আপনার মনে যদি নিজের স্থিতি নিয়ে কোনও রকম দ্বিধা থাকে তাহলে আপ্ন পনার জন্য কোন ক্ষেত্রটা গুরুত্বপূর্ণ তা ঠিক করে নিন। এর জন্য নিজের বস বা সহযোগীদের সাথে কথা বলতে পারেন, তারপর সেই অনুসারে পরিশ্রম করুন।

অধ্যায়-১৮

বেপরোয়াভাবে কাজ করলে সময় নষ্ট হয়

"আপনার কাছে যদি সঠিক পদ্ধতিতে কাজ করার সময় না থাকে, তাহলে ওই কাজ পুনরায় করার জন্য আপনার সময় বার করা উচিত।"
রাশিয়ান প্রবাদ

আমার মতো আপনিও বোধহয় বেশ কয়েকবার এই ভুল করেছেন, আপনি নিজের শার্টের প্রথম বোতামটি ভুল ঘরে ঢুকিয়ে ফেলেছেন, এবং তারফলে পরের বোতাম গুলিও ভুল ঘরেই আটকেছেন। একেবারে শেষ বোতামে গিয়ে বুঝতে পেরেছেন আর ঘর নেই সুতরাং আপনি ভুল পথ ধরে চলেছেন।

আপনি যতই পরিশ্রম করুন না কেন, আপনার হাতের নকশা যদি ভুল থাকে তাহলে কখনই আপনি নিজের গন্তব্যে পৌঁছাতে পারবেন না (উদাহরণ স্বরূপ, আপনি এলাহাব শহরে একটা জায়গার খোঁজ করছেন, আর আপনার হাতে রয়েছে দিল্লির নকশা, তাহলে আপনি যতই পরিশ্রম করুন না কেন, কিছুতেই সেই জায়গা খুঁজে পাবেন না।) কোনও এক মহান ব্যক্তি বলেছেন, আপনি যখন সফলতার সিঁড়ি দিয়ে উপরে যাওয়ার চেষ্টা করেন, তখন সেই সিঁড়ি সঠিক দেওয়ালে লেগে আছে কিনা দেখে নেবেন।

আপনি যখন বেপরোয়া হয়ে কোনও কাজ শুরু করেন, তখন ঠিক এমন ঘটনাই ঘটে। তাতে করে আপনার কাজের মধ্যে বহু রকম ভুল-ক্রটি থেকে যায়। ফলে

সেই কাজ করতে আপনার যত সময় লেগেছিল তার চেয়ে তা সংশোধন করতে অনেক বেশি সময় লেগে যাবে।

যখনই আপনি কোনও কাজে হাতে দেবেন, তখন তা সম্পূর্ণ মন দিয়ে করার চেষ্টা করুন, যে প্রক্রিয়াটি আপনার কাছে সর্বশ্রেষ্ঠ বলে মনে হয়, তার প্রয়োগ করুন। সেই কাজ করার জন্য আপনার কাছে লেজারের মতো ফোকাস থাকাটা খুবই জরুরি। উদাহরণ স্বরূপ, যদি আপনি অফিসে কাজ করেন, তাহলে সম্পূর্ণ একাগ্রতার সাথে সেখানে কাজ করা উচিত, যাতে কোনও কাজ থেকে না যায়। অফিসের কাজ বাড়িতে আনার অর্থ হল পরিবারের সাথে অন্যায় করা, কারণ আপনার সাথে সময় কাটানোর অধিকার তাদের আছে, বাড়িতে অফিসের কাজ নিয়ে বসে যাবেন না।

সফল ব্যক্তিদের সবচেয়ে বড় গুণ হল, তাঁরা ছোট ছোট কাজও খুব মনোযোগ সহকারে করেন। কারণ তাঁদের মতে কোনও কাজ ছোট নয়, করার যোগ্য যেকোনও কাজের ক্ষেত্রে সর্বশ্রেষ্ঠ প্রক্রিয়ার ব্যবহার করাটা খুবই জরুরি। কাজ করতে গেলে ভুল-ত্রুটি হতেই পারে, কিন্তু পুনরায় একই ভুল করবেন না।

যখন কিছু পয়সা বাঁচানোর চক্করে আমরা সস্তা জিনিস কিনে নিয়ে আসি, তখন এমন পরিস্থিতি দেখা দেয়। তা পুনরায় ঠিক করতে শুধু যে অর্থ দণ্ড দিতে হয় তাই না, বরং নিজের খানিকটা মূল্যবান সময়ও নষ্ট হয়।

যখনই কোনও জিনিস কিনবেন, সবার আগে তার গুনগত মানের দিকে বিশেষ ধ্যান দেবেন। যাতে আপনার অর্থের অপচয় না হয়, সেই সাথে আপনার মূল্যবান সময় বাঁচে।

সময় পরিচালনা সম্পর্কিত কিছু বিষয়

❖ মিটিং/সাক্ষাৎ

❖ আমাদের মধ্যে বেশির ভাগ লোকেদেরই অন্যদের সাথে দেখা করার জন্য বাড়ির বাইরে যেতে হয় বা অফিসের কোনও মিটিং-এর জন্য বাইরে যেতে হয়, কিন্তু বেশিরভাগ মিটিং সময় অপচয় ছাড়া আর কিছুই বলে মনে হয়না। মিটিং আয়োজন করার একটা উদ্দেশ্য থাকতে হবে, যারা দেরি করছে, তাদের জন্য বসে থাকবেন না, কারণ তারা আর আসবেনা। সুতরাং একটা নির্দিষ্ট সময়ে মিটিং শুরু বা শেষ করুন। মিটিং-এর একটা বিশেষ কর্মসূচি বা এজেন্ডা থাকা উচিত।

অধ্যায়-১৯

প্রথমে ছোট-ছোট ভাগ করে, তারপর যুক্ত করুন

"যে কাজ আজই করতে হবে, সেই কাজ কালকের জন্য ফেলে রাখ বেন না।" বেঞ্জামিন ফ্রাঙ্কলিন

যখনই আমাদের সামনে কোনও কাজ খুব বড় বলে মনে হয়, তখনই আম্ম মরা সেটিকে এড়িয়ে চলার চেষ্টা করি, এটা বেশির ভাগ মানুষের ক্ষেত্রেই খুবই স্বাভাবিক। কিন্তু আপনি যদি সেই কাজটা ছোট-ছোট ভাগে ভাগ করে নেন, তাহলে তা অনেক সহজ হয়ে যাবে, নিজের অভিজ্ঞতা থেকে বলছি। নিজের প্রথম পুস্তক 'রাজলনীতি' লিখতে আমার চার বছরের থেকে বেশি সময় লেগেছিল। বিভিন্ন ব্যস্ততার কারণে আমি লেখার কাজটা শুরুই করতে পারছিলাম না। তারপর আমি কয়েকটা লাইন লিখতে শুরু করি, প্রথমে খানিকটা থমকে যেতে হয়েছিল, তারপর ঠিক করি, প্রতিদিন কিছু না কিছু লিখব। কয়েকটা লাইন অবশ্যই লিখব। ধীরে ধীরে লেখার অভ্যাস বিকশিত হয়, তারপর থেকে এক পৃষ্ঠা করে লিখতে শুরু করি। অনেকটা সময় কেটে যায়, ততদিনে আমার কাছে বেশ খানিকটা লেখা জমে গিয়েছিল।

প্রতিদিনের পরিশ্রমে যে লেখা সঞ্চিত হচ্ছিল, সেই গুলি ঠিকঠাক ভাবে গুছিয়ে নেওয়ার পর 'রাজলনীতি' পুস্তকটা তৈরি হয়ে যায়। ৪০০-৫০০ পৃষ্ঠার একটা বই লেখার ক্ষেত্রেও এই সিদ্ধান্তই কার্যকারী হয়ে থাকে। সিনেমা হল বা

মাল্টিপ্লেক্স নির্মানের ক্ষেত্রেও এই সিদ্ধান্ত কাজ করে। কম্পিউটার নিয়ে পড়াশোনা করার সময়তেও আমাদের এটাই শেখানো হয়েছিল যে, একটা বড় প্রোগ্রাম লেখার সবচেয়ে ভালো টেকনিক হল সেটিকে ছোট-ছোট খণ্ডে ভাগ করে নেওয়া। শেষে গিয়ে এই ছোট-ছোট খণ্ডগুলিকে একসাথে যোগ করে দেওয়া। সুতরাং ভবিষ্যতে কখনও কোনও বড় প্রোজেক্ট দেখে ভয় পাবেন না। যে কাজ গুলি আপনি সহজেই করতে পারবেন, সেই গুলির থেকে শুরু করুন। তারপর আপনি একটা গতি পেয়ে যাবেন, তখন কঠিন কাজও সহজ বলে মনে হবে।

সময় পরিচালনা সম্পর্কিত কিছু বিষয়

❖ আপনি কোন কাজে হাত দিচ্ছেন সেটা দেখুন। গবেষণা থেকে দেখা গিয়েছে, যখনই আপনি নতুন কোনও কাজ হাত দেবেন, তখন আপনার সময় বেশি লাগবে। পরের বার যখনই একই কাজে হাত দেবেন, তখন আগের চেয়ে কম সময়ে সেটাকে শেষ করতে পারবেন। তাই একই সময়ে বিভিন্ন কাজে হাত দেওয়ার বদলে, একই রকম কাজ করার চেষ্টা করুন। যখন কোনও কাজে হাত দেবেন, তখন তা শেষ করার পরেই অন্য কাজে হাত দিন। যদি তা না করেন (একটা কাজ শুরু করে যদি তা মাঝপথে ছেড়ে দেন) তাহলে আপনার সেই কাজ শেষ করতে অনেক বেশি সময় লাগবে। লার্নিঙ্গ কার্ভের নিয়মানুসারে যখন প্রথমবার আমরা কোনও নতুন কাজে হাত দিই, তখন তা করতে আমাদের অনেক বেশি সময় লাগে। ধীরে ধীরে কাজে দক্ষতা লাভ করার সাথে সাথে কাজের সময়ও ক্রমশ কম লাগতে শুরু করে। তাই কাজ শুরু করুন, আর যতক্ষণ না তা শেষ হচ্ছে ততক্ষণ পর্যন্ত কোনও মতেই তা ছেড়ে দেবেন না।

অধ্যায়-২০

সময়ের সাথে নিজেকে আপডেট ও সংশোধন করুন

"এখন সবচেয়ে ভালো সময় হোক বা সবচেয়ে খারাপ সময়, যাইহোক না কেন, ব্যবহার করার মতো এই সময়টাই আছে।"আর্ট বুচওয়াল্ড

আপনি শেষ কবে নিজের হাতে চিঠি লিখে পোস্ট করেছিলেন? শেষ কবে ঠাণ্ডা জল রাখার জন্য মাটির ঘড়ার ব্যবহার করেছিলেন? শেষ কবে অডিয়ো ক্যাসেট বাজিয়েছিলেন?

হয়তো আপনি বলবেন, কয়েক বছর হয়ে গিয়েছে। এখন প্রশ্ন হল, আপনি কি পুনরায় চিঠি লেখা, ঘড়ার ব্যবহার বা অডিয়ো ক্যাসেটের ব্যবহার করতে চান? আপনি নিশ্চয়ই বলবেন না, কারণ এখন আমাদের কাছে এমন অনেক টেকনলজি আছে যা আগের থেকে আমাদের জীবনকে অনেক বেশি সহজ করে দিয়েছে। সময়ের সাথে সাথে পরিবর্তন আসাটা খুবই জরুরি। চিঠি লেখার মতো মানুষ এখনকার দিনে হাতে গুনে পাবেন কিনা সন্দেহ, ঘড়ার ব্যবহারও এখন হয়না বললেই চলে।

আমাদের মস্তিষ্কের সবচেয়ে বড় সমস্যা হল, তা এক সময়ে একটাই বিষয় নিয়ে ভাবতে পারে। আপনি একটা সময়ে, একসাথে দুটি বিষয় নিয়ে চিন্তা কিছুতেই করতে পারবেন না। নতুন কাজ করার জন্য আপনাকে পুরোনো কাজ

ছাড়তে হবে। যেমন ধরুন, আপনি যখন ফ্রিজের ব্যবহার শুরু করেছিলেন, তখন আপনি ঘড়ার ব্যবহার ছেড়ে দেন। ঠিক তেমনি পুরোনো চিন্তা ত্যাগ করে মস্তিষ্কে নতুন ও আধুনিক চিন্তার জন্ম দিতে হবে। তার জন্য আপনাকে ক্রমাগত শিখতে থাকতে হবে।

আমি ইন্টারনেটে এক বিদেশী দাঁতের চিকিৎসকের কথা পড়ি। সেখান থেকে দাঁতের এক নতুন সার্জারির কথা জানতে পারি। তিনি অনেক কম সময়ে রোগিদের দাঁত অনেক সুন্দর করে দিতে পারছিলেন। তিনি এই সার্জারি শিখবেন বলে ঠিক করেন, আর সেই সার্জারি শেখার এক বছরের মধ্যেই তাঁর আয় প্রায় দ্বিগুন হয়ে যায়। আপনিও যদি নিজের পটভূমিতে নিজেকে বিকশিত করে তুলতে পারেন, তাহলে অবশ্যই আপনার আয়ও দ্বিগুন হয়ে যাবে।

সময় পরিচালনা সম্পর্কিত কিছু বিষয়

- ❖ আপনি যে ফিল্ডে কাজ করেন, সেই সম্পর্কিত কোনও মাসিক বা সাপ্তাহিক পত্রিকার সাথে নিজেকে যুক্ত করুন।
- ❖ এমন কিছু বই পড়ুন যার সাহায্যে আপনি নিজের আত্মবিশ্বাস বা আত্মসম্মান বৃদ্ধি করতে পারেন, সেই সাথে আপনার কথা বলার কৌশলও যেন উন্নত হয়ে ওঠে।

অধ্যায়-২১

টেকনলজি আপনার বন্ধু নাকি শত্রু ?

"একটা সরু সোনার তার যেমন মূল্যবান, আমাদের জীবনের প্রতিটা সেকেণ্ডও তেমনি মূল্যবান।"

এই পৃথিবীতে দূরত্ব শব্দটিকে প্রায় শেষ করে দিয়েছে ইন্টারনেট। চোখের পলকে পৃথিবীর অপর প্রান্তে বসে থাকা ব্যক্তির সাথে ভিডিয়ো কলিং-এর মাধ্যমে সম্পর্ক গড়ে তুলতে পারি, তার মুখোমুখি বসে কথাও বলতে পারি। ঠিক তেমনি কোনও বিষয় সম্পর্কে কিছুর জানার জন্য আর আমাদের ঘণ্টার পর ঘণ্টা লাইব্রেরিতে বসে সময় নষ্ট করতে হয়না। কম্পিউটারের কয়েকটা বোতাম টিপলেই কয়েক মুহূর্তের মধ্যে আমরা সমস্ত বিষয় সম্পর্কে জেনে যেতে পারি। ল্যাপটপ আর মোবাইলের এই যুগে পৃথিবী আপনার হাতের মুঠোয় এসে গিয়েছে বললে, খুব বেশি বলা হবে না।

এটা হল টেকনলজির পজেটিভ দিক। কিন্তু এর একটা নেগেটিভ দিকও আছে। এর সবচেয়ে বড় সমস্যা হল, এটি আমাদের মূল্যবান সময় অতি সহজে গ্রাস করে নিতে পারে। সোশ্যাল নেটওয়ার্কিং সাইট যেমন ফেসবুক, টুইটারে চোখ রেখে কীভাবে ঘণ্টার পর ঘণ্টা সময় কেটে যায়, আপনি তা বুঝতেও পারেন না। ঠিক তেমনি ইউটি উবের বিভিন্ন ভিডিয়ো আপনার সময় অতি সহজেই আত্মসাৎ করে নিতে পারে। এর তালিকা অনেক দীর্ঘ, শুধু ওয়েবসাইটই নয় বরং হোয়াটাঅ্যাপের

মতো আধুনিক এপ্লিকেশন গুলির দিকে দেখুন, আপনি যদি শুধুমাত্র মনোরঞ্জনের জন্য এর ব্যবহার করেন, তাহলে কতটা সময় অপচয় হয় একবার ভেবে দেখে ছেন কী!

এই তথ্য প্রযুক্তি আপনি নিজের কাজের জন্য ব্যবহার করে তাকে নিজের বন্ধু করে তুলবেন, নাকি শুধুমাত্র মনোরঞ্জনের মাধ্যম করে তুলে তাকে শত্রুতে পরিণত করবেন, তা সম্পূর্ণভাবে আপনার উপর নির্ভর করছে।

আমি যখন 'ল' নিয়ে পড়াশোনা করছিলাম তখন ব্যস্ততা খুব বেশি ছিল, যাতে করে পড়াশোনার একদম সময়ই পেতাম না। তখন আমাকে তথ্য-প্রযুক্তির দ্বারস্থ হতে হয়েছিল, নিজের মোবাইল ফোনের সাউণ্ড রেকর্ডারের সাহায্য নিই। সেই সেমিস্টারে যে যে অংশ গুলি ছিল, সেই অংশগুলি পড়ে মোবাইলে রেকর্ডিং করে রাখি। তারপর যখনই খালি সময় পেতাম বাড়িতে হোক বা দোকানে তখনই কানে ইয়ার ফোন গুঁজে বইয়ের পড়া গুলো শুনতাম। এইভাবে আমি খালি সময়টা নিজের কাজে লাগাই। এর জন্য আমাকে একবার মাত্র পরিশ্রম করতে হয়েছিল, টেকনলজির জন্যই এটা সম্ভব হয়েছিল। শেষ পর্যন্ত আমি সফলতার সাথে নিজের 'ল'-এর পড়া শেষ করতে সক্ষম হই। তাতে তথ্য-প্রযুক্তির এক বিরাট অবদান ছিল।

সময় পরিচালনা সম্পর্কিত কিছু বিষয়

- টেলিফোন টেলিফোন সাধারণত একটা ব্যবসায়িক উপকরণ। তবে বেশির ভাগ মানুষকেই এর ভুল ব্যবহার করতে দেখা যায়। আপনি ইচ্ছা করলে নিজের কাজের সময় ফোন নাও ধরতে পারেন। পরে লাঞ্চের সময়ে বা সন্ধ্যার সময় কাজ শেষ করে, যতগুলি নম্বর থেকে ফোন এসেছিল, সেই নম্বর গুলিতে ফোন করে দেখতে পারেন। যারা বাজে কথা বলে সময় নষ্ট করতে চায়, তাদের সরাসরি প্রশ্ন করুন, আমি আপনাকে কী সাহায্য করতে পারি?
- ফোনে কথা বলার সময় আপনার কাছে একটা উদ্দেশ্য বা এজেন্ডা/কর্মসূচী থাকতে হবে। মনে রাখবেন, আপনি কিন্তু দূরভাষের সাহায্যে একটা মিটিং করছেন।
- আর একটা গুরুত্বপূর্ণ কথা মাথায় রাখবেন, কখনই পেন ও কাগজ হাতে না নিয়ে ফোনে হাত দেবেন না। আর সেই সাথে গুরুত্বপূর্ণ বিষয় গুলি লিখে নিন, তা ভবিষ্যতের জন্য সুরক্ষিত রাখুন। আপনি যদি ব্যবসায়ি হন, তাহলে এইভাবে না চললে আপনার হাজার বা লক্ষাধিক টাকার অপচয় হতে পারে।

অধ্যায়-২২

কোনটা নিয়ন্ত্রণাধীন আর কোনটা না, তা জানুন

***"আপনি যদি নিজেকে ভালোবাসেন, তাহলে কোনও মতে সময় নষ্ট করবেননা, কারণ জীবন তৈরি হয় সময় দিয়ে।"** বুসলি*

আপনি কি পাঁচ বছর পিছনে যেতে পারেন? মুখ থেকে বেরিয়ে যাওয়া কথা আর কোনওভাবে ফিরিয়ে নিতে পারেন কি? আপনি ভাবার সাথে সাথে ১০০০ কিমি দূরে অবস্থিত কোনও শহরে সশরীরে পৌঁছে যেতে পারেন কি? ইত্যাদি।

এই সমস্ত প্রশ্নের একটাই উত্তর, আর সেটা হল 'না'। আমরা অতীতের ভুল নিয়ে ভেবে আফসোস করি, কিন্তু তাতে সময় নষ্ট ছাড়া আর কিছুই হয়না। সেই সাথে, যদি আমি এইভাবে চলতাম বা যদি ওইভাবে কাজ করতাম, এইসব ভেবেও আমরা নিজেদের অনেকটা সময় অপচয় করি। কিন্তু আপনি যাই করুন না কেন, যে সময় আপনার হাত থেকে বেরিয়ে গিয়েছে তা আর কোনও ভাবেই ফিরে পাবেন না।

যখনই আপনার সামনে কোনও সমস্যা এসে উপস্থিত হবে, তখনই একবার নিজেকে প্রশ্ন করুন, ওই বিষয় কি আপনার নিয়ন্ত্রণে আছে? আমি কি সেই বিষয়ে কিছু করতে পারি?

যদি আপনার প্রশ্নের উত্তর 'হ্যাঁ' হয়, তাহলে আপনি সম্ভাব্য যে যে পদক্ষেপ নিতে পারেন, সেই গুলি নেওয়ার চেষ্টা করুন। আর যদি আপনার উত্তর 'না' হয়,

তাহলে সমস্ত বিষয়টা ঈশ্বরকে সমর্পণ করে দিন, প্রার্থনা করুন, বলুন তিনি যেন আপনার কল্যাণ করেন, তিনি যেন আপনাকে সঠিক পথ দেখান।

তাতে করে আপনার দৃষ্টিভঙ্গি স্পষ্ট হয়ে যাবে। আপনি এটা বুঝে যাবেন যে, আপনি নিজের মূল্যবান সময় নষ্ট করছেন না, বরং তার সদ্ব্যবহার করছেন। যখন মনে হবে আপনি নিজের সময় নষ্ট করছেন, তখন যত শীঘ্র সম্ভব পুনরায় সেই কাজ শুরু করে দিন। যাতে করে আপনার সময়ের সার্থক ব্যবহার সম্ভব হয়।

সময় পরিচালনা সম্পর্কিত কিছু বিষয়

- ❖ সময়নিষ্ঠা বেশিরভাগ মানুষই সময়ের মূল্য বোঝে না। তাই তারা কোনও দিন সময় মতো পৌঁছাতে পারেনা। আপনি যদি দায়িত্বশীল হয়ে ওঠতে চান, তাহলে আপনাকে সময়ের মূল্য দিতে জানতে হবে। প্রতিটা স্থানে সময় করে পৌঁছাতে হবে।
- ❖ আপনি যদি সব জায়গায় সময় মতো পৌঁছান, তাহলে আপনার ইমেজটাই অন্য রকম হয়। তাতে করে আপনাকে একজন দায়িত্ববান ব্যক্তি বলে মনে হবে। প্রমোশন/ পদোন্নতির সময় এমন ব্যক্তিদেরই সকলে পছন্দ করে, যারা সময়ের সাথে তাল মিলিয়ে চলতে পারে।
- ❖ মহান কোচ ইউংস লোমবারডি 'লোমবারডি টাইম'-এর রচনা করেছিলেন। তাতে তিনি স্পষ্টভাবে জানাতে চেয়েছিলেন যে, তার দলের খেলোয়াড়রা যেন খেলা শুরু হওয়ার ১৫ মিনিট আগে পৌঁছে যায়। যাতে দলের মূল্যবান সময় কোনওভাবে নষ্ট না হয়।
- ❖ আপনি যদি বস বা পরিচালক হন, তাহলেও কর্মচারীদের সময় নষ্ট করাবেন না, নিজে সময় মতো পৌঁছানোর চেষ্টা করুন।

অধ্যায়-২৩

ব্যাঙ্ক একাউন্টের মতো সময়েরও একাউন্ট করুন

"যে সময় বাঁচায়, সে অর্থ বাঁচায় আর সঞ্চিত অর্থ উপার্জিত অর্থের সমান।" মহাত্মা গান্ধি

ছোটবেলায় আমাদের গুরুজনরা আমাদের শিক্ষা দেন বা বোঝান, "দেখো বাবা, এটা টাকা, বহু পরিশ্রম করে এটা উপার্জন করতে হয় ।তাই একে সামলে রাখতে হয় ও বিবেচনার সাথে খরচ করতে হয়। কিন্তু আমাদের গুরুজনেরা একই ভাবে অপর মূল্যবান সম্পত্তি কতটা গুরুত্বপূর্ণ তা নিয়ে কিছু বলেছেন কি? অর্থাৎ সময় আমাদের কাছে কতটা গুরুত্বপূর্ণ তা বলেছেন কি? কিছু পরিবারের কথা আলাদা, কিন্তু বেশিরভাগ পরিবারই কিন্তু নিজেদের বাচ্চাদের সময় নিয়ে কিছু শেখাতেই ভুলে যায়।

সময় অর্থের থেকেও মূল্যবান, আমাদের কখনই এই কথাটা ভোলা উচিত না। আপনি জীবনে অনেক পয়সা রোজগার করতে পারবেন, কিন্তু কখনই অধিক সময় পাবেন না। নিজের পয়সার হিসাব নিকাশের সময় আপনি যতটা সাবধানতা অবলম্বন করেন, সময়ের খরচের সময়তেও ঠিক ততটাই সাবধান হন। এখানে দেওয়া প্রতিটা প্রশ্নের উত্তর আমরা সকলেই জানি আমাদের টাকা-পয়সা কোথায় রাখা আছে? কত পয়সা কোথায় থেকে এসেছে, আর কোথায় গেল? কিন্তু সময়ের সাথে সম্পর্কিত প্রশ্ন গুলির উত্তর হয়তো আমাদের কাছে থাকেন আমাদের সময়

কোথায় খরচ হয়ে যাচ্ছে? দিনের অধিকাংশ সময় আমরা কোন কাজের পিছনে ব্যয় করি? দৈনিক ছোট-ছোট কাজ, স্নান করা থেকে বড়-বড় কাজ, কোন কাজের পিছনে আপনি কতটা সময় ব্যয় করছেন, তা খেয়াল করে দেখুন। কোনও কাজের পিছনে আপনি যে সময়টা ব্যয় করছেন, তার থেকে কম সময়ে সেই কাজ হয় কিনা একবার বিবেচনা করে দেখবেন। আপনি যখন নিজের সময়েরও লিখিত হিসাব রাখতে শুরু করবেন, তখন আপনি সচেতন হয়ে যাবেন। তখন আপনি বুঝবেন, গুরুত্বপূর্ণ কাজের পিছনে নিজের সময় ব্যয় করছেন, নাকি গুরুত্বহীন কাজের পিছনে।

সময় পরিচালনা সম্পর্কিত কিছু বিষয়

- সময়ের লেখাজোখা
- আপনার সময় কোথায় খরচ হচ্ছে, বা কোথায় যাচ্ছে সেই দিকে নজর রাখুন। সাধারণ মানুষ মাস বা বছর নিয়ে চিন্তা করে। যারা তাদের থেকে সফল তারা সপ্তাহের হিসাব করেন কিন্তু সবচেয়ে সফল ব্যক্তিরা ঘণ্টা মিনিটের হিসাব রাখেন।
- যেকোনও পরিকল্পনা করার সময় কাগজ-পেনের ব্যবহার করুন।
- সময় বাঁচানোর জন্য ৪জি বা ব্রডব্যাণ্ড কানেকশনের ব্যবহার করুন। কারণ আপনার ইন্টারনেট যদি ধীরে চলে, তাহলে আপনার অনেকটা মূল্যবান সময় নষ্ট হতে পারে।

অধ্যায়-২৪

'না' বলতে শিখুন

"সময় কখনও মরেনা, শুধু মানুষ মরে যায়।" জে.এফ.লটন

অনেক সময় আপনি হয়তো কাউকে 'না' বলতে চাইছেন, কিন্তু তা সত্ত্বেও আপনার মুখ থেকে না বের হয়না। আসলে আমি বা আপনি ভালো করেই জানি আমরা সেই কাজ করতে পারব না বা করতে চাইনা, কিন্তু শুধুমাত্র সামনের ব্যক্তির খারাপ লাগবে ভেবে আমরা তার মুখের উপর 'না' করতে পারিনা। তাই নিজের মন সাই না দেওয়া সত্ত্বেও আমরা সেই কাজ করি, আর কাজ করার সময় আমাদের আফসোস ছাড়া কিছুই হয়না।

'না' যত তাড়াতাড়ি সম্ভব বলার চেষ্টা করুন। ভালো মুখে বলুন, কিন্তু পরিস্কার ভাষায় বুঝিয়ে দিতে ভুলবেন না। এই জীবন আপনার, আপনি যদি জীবনে এগিয়ে যাওয়ার চেষ্টা করেন, যদি জীবনে সফল হতে চান, তাহলে আপনাকে নিজের সময়ের ব্যাপারে একটু স্বার্থপর হতেই হবে।

দরকার মনে করলে, 'হ্যাঁ' বলার আগে একটু ভেবে নিন। 'হ্যাঁ' বলার পর যদি আপনি সমস্ত রকম পরিস্থিতি খোতিয়ে দেখেন, তাহলে দেখবেন এই রকম পরিস্থিতিতে যদি আপনি 'না' বলতেন, তাহলেই হয়তো ভালো হতো। আপনি যদি 'না' বলেন, তাহলে সামনের ব্যক্তির খারাপ লাগবে না। কারণ আপনি শান্তির সাথে তার প্রস্তাব নিয়ে বিবেচনা করেছেন, চিন্তা-ভাবনা করেই তবে 'না' বলেছেন।

সময় পরিচালনা সম্পর্কিত কিছু বিষয়

- যেকোনও একটা অভ্যাস গড়ে তুলতে একটু সময় লাগে। 'না' বলার অভ্যাস রপ্ত করতেও আপনার সময় লাগবে। কিন্তু এমন লাভজনক অভ্যাস যত শীঘ্র গড়তে পারবেন, আপনি ততই লাভবান হবেন।
- স্পষ্ট করে বলতে পারলে অর্ধেক রোগের চিকিৎসা হয়ে যায়, তাতে করে লক্ষ্যও স্পষ্ট হয়ে ওঠে। তাই আপনি যা করতে বা পেতে চান, সেই বিষয়ে স্পষ্ট থাকুন।

অধ্যায়-২৫

জটিল কাজেই নিপুণ হয়ে উঠুন, যাতে তা এড়িয়ে চলতে না হয়

"যে কাজ যখন খুশি করা যায়, তা কখনই হয়না।" স্কটল্যাণ্ডের প্রবাদ

সাল ২০০০, আমি তখন অষ্টম ক্লাসের ছাত্র। তখন আমাদের স্কুলে কম্পিউটার পড়ানো হত, কিন্তু আমার তা পড়তে একদম ভালো লাগত না। আসলে অন্যান্য বিষয়ের মতো আমি এই বিষয়টাতেও ভালো ছিলাম না, আমার ভালোই লাগত না, কিন্তু সৌভাগ্য বশত একজন ভালো শিক্ষক পাই আমি, যিনি আমার পিছনে খুব পরিশ্রম করেছিলেন। ধীরে ধীরে আমি কম্পিউটারে ভালো হতে শুরু করি, এমন একটা সময় আসে, যখন স্কুলের পাঠ্য পুস্তকে পড়ানো কম্পিউটারের বিষয় গুলি আমার 'বাঁ হাতের' খেলায় পরিণত হয়েছিল। তাই আমি আর কম্পিউটার থেকে দূরে পালানোর চেষ্টা করতাম না, বরং সেই সম্পর্কে আরও বেশি করে জানার চেষ্টা করতাম। কারণ আমার কম্পিউটার পড়তে ভালো লাগত, আর হয়তো এই কারণেই কম্পিউটার নিয়েই আমার পরবর্তি শিক্ষা এগিয়ে যায়। পরবর্তি কালে আমার সঞ্চয়ের ঝুলিতে BCA, ALEVEL (PGDCA), BLEVEL (MCA), CSSA, CSSP মতো সার্টিফিকেট সঞ্চিত হয় ।

এই কথা গুলির অর্থ খুবই সহজ, যে বিষয়টা আমাদের কাছে কঠিন বলে মনে হয়, আমরা তার থেকে পালানোর চেষ্টা করি, সেটিকে এড়িয়ে চলাই শ্রেয় বলে মনে হয়। কোনও বিষয় সহজ করে তোলার সবচেয়ে ভালো উপায় হল, আগে সেটিকে ভালো করে বুঝুন, তারপর তা করার চেষ্টা করুন। তবেই তো আপনি তাতে দক্ষ হয়ে উঠতে পারবেন।

গাড়ি চালানোর বিষয়টা দেখুন। যখন আপনি গাড়ি চালানো শেখেন, তখন আপনাকে নিজের হাত দিয়ে গিয়ার চেঞ্জ করতে হয় ও সেই সাথে স্টিয়ারিংও ঘোরাতে হয়। পা দিয়ে ব্রেক ও ক্লাচ চেপে রাখতে হয়। আপনার সামনে-পিছনে, ডানে-বাঁয়ে কী হচ্ছে, সেটা দেখার জন্য চোখের ব্যবহার করতে হয়। প্রথম প্রথম এই কাজ খুবই কষ্টকর বলে মনে হয়, অসম্ভব বলেও মনে হতে পারে। কিন্তু আপনি যত চেষ্টা করবেন, ততই নিপুণ হয়ে উঠবেন। কোনও একটা সময় এই গাড়ি চালানোর বিষয়টাও আপনার বাঁ-হাতের খেলা বলে মনে হবে।

সময় পরিচালনা সম্পর্কিত কিছু বিষয়

- যখন আমরা ছোট ছিলাম তখন বেসিক/ল্যাণ্ডলাইন ফোনের যুগ ছিল, আমাদের জন্যও কোনও ফোন এলে বাবা-মা বা বাড়ির বড়রা ফোন তুলতেন, আর আমাদের ডেকে দিতেন। কিন্তু বড় হওয়ার পর সেই কাজ আমরা নিজেরাই করতাম। এখনতো মোবইলের যুগ। টেলিফোনের সবচেয়ে বড় সমস্যা হল, ফোন বাজলেই আমরা নিজেদের হাতের সবকাজ ফেলে রেখে ফোন ধরতে ছুটি, কিন্তু এর একটা বিকল্প আমাদের হাতে আছে। আপনি যখন কোনও জরুরি কাজ করবেন, তখন ফোন সাইলেন্টে রেখে দিন বা সুইচ অফও রাখতে পারেন। পরে নিজের সময় মতো ফোন করে নেবেন।
- সাধারণত মানুষ নিজেদের সময়ের মূল্য কী তা বোঝেই না। আর তাই তারা ভাবে অন্যেরও সময়ের কোনও মূল্য নেই। আপনাকে যদি কেউ জিজ্ঞাসা করে, 'আপনি ফাঁকা আছেন?', তাকে পরিষ্কার ভাষায় বলুন, 'ক্ষমা করুন, এখন আমার হাতে সময় নেই।'

অধ্যায়-২৬

মাঠে নামলে হয়তো আপনি জিততে পারেন কিন্তু না নামলে পরাজয় নিশ্চিত

"সময় এমন একটা জিনিস যার প্রয়োজন সবচেয়ে বেশি, আর এই সময়ের অপচয় আমরা সবচেয়ে বেশি করি।" উইলিয়াম পেন

আমার প্রথম পুস্তক রাজলনীতি-তে আমি "অনেক সময় শুধুমাত্র মাঠে নামলেই আপনি সফল হয়ে যান"-এই শীর্ষকএকটা অধ্যায় লিখেছিলাম। এখানে পুনরায় আমি সেই বিষয়ে কথা বলতে চাই।

"২০১১ সালে আমি এলএলবি নিয়ে পড়াশোনা করব বলে ঠিক করি, তখন আমি সেন্ট এণ্ড্রুজ কলেজে আবেদন পত্র জমা করি। এক মাস কেটে যায়, কিন্তু কলেজের পক্ষ থেকে কোনও এডমিট কার্ড বা প্রবেশ পত্র আসেনা। ২০১১ সালের ২৪ জুলাই আর.জি. টেক এডুকেশনের একটা বড় প্রোগ্রাম ছিল, আমি তার প্রস্তুতি নিয়ে ব্যস্ত হয়ে পড়ি। ২০১১ সালের ২৩ জুলাই এলএলবি-র প্রবেশ পরীক্ষা ছিল, ২০১১ সালের ২২ জুলাই পর্যন্ত আমার কাছে কোনও এডমিট কার্ড আসেনি। ২২ জুলাই দুপুরে আমি এণ্ড্রুজ কলেজে গিয়ে উপস্থিত হই, সেখানে গিয়ে আমি যখন জিজ্ঞাসা বাদ করি, তখন জানতে পারি সেখানে শিক্ষার যে স্থানটা ছিল, সেখানে আমি বিসিএ লিখেছিলাম। কিন্তু এলএলবি পড়ার জন্য নূন্যতম যোগ্যতা বিএ বা বিকম., বিসিএ নয়। আমি তখন বলি, 'হ্যাঁ, আমি বিকম.-ও করেছি।" আমি কী

নিজের কাগজ-পত্র জমা করতে পারি? তখন সেখান থেকে জানানো হয়, জমা করতে পারেন, তবে আজই জমা করতে হবে।

আমি তখনই বাড়ি যাই, আর বিকম.-এর মার্কশিটের ফটোকপি করে নিয়ে এণ্ড্রুজ কলেজে গিয়ে উপস্থিত হই।

সেখানে গিয়ে ফটোকপি জমা করার একটু পরেই আমাকে এডমিট কার্ড দিয়ে দেওয়া হয়। কিন্তু এখন প্রশ্ন হল, পরীক্ষার জন্য আর ১২ ঘণ্টা সময়ও আমার হাতে ছিলনা, অন্যদিকে আর.জি.-টেক এডুকেশনের যে অনুষ্ঠান ছিল, তারও প্রস্তুতি খানিকটা বাকি থেকে গিয়েছিল। তখন আমি রেগুলার পড়াশোনার সাথে যুক্ত ছিলাম না। সবদিকটা নিয়ে বিরাট একটা সমস্যার মধ্যে পড়ে যাই।

তখন আমি আমার বাবার সাথে এই বিষয়ে কথা বলি, আমার কী করা উচিত, তা নিয়ে তাঁর কাছ থেকে পরামর্শ চাই। সব শুনে বাবা বলেন, কয়েক ঘণ্টার মামলা, পরীক্ষা না দিলে তো কিছুই পাওয়ার আশা থাকবে না, পরীক্ষা দিলে কিছু তো পেত পারো। ২০১১ সালের ২৩ জুলাই মনে সংকোচ নিয়েই পরীক্ষা দিতে চলে যাই। পরীক্ষা কক্ষেও আমার মাথায় আর.জি.-টেকের অনুষ্ঠানের জন্য কী কী কাজ বাকি আছে, তার একটা লম্বা সূচি মাথায় ঘোরাফেরা করছিল। তবুও যে প্রশ্ন গুলির উত্তর আমার জানা ছিল, আমি সেই গুলির উত্তর দিই, যেগুলি জানা ছিল না, সেই গুলির উত্তর দেওয়ার চেষ্টা করি। যাই হোক পরীক্ষা শেষ হতেই আমি সেখান থেকে বেরিয়ে পড়ি ও নিজের অবশিষ্ট কাজ গুলি শেষ করার চেষ্টা করি।

পরের দিন আর.জি.-টেক'র অনুষ্ঠান সফলভাবে শেষ হয়। কয়েক মাস বাদে এলএলবি-র রেজাল্ট বেরায়। আমি শুধুমাত্র সেন্ট এণ্ড্রুজ কলেজেই ফর্ম জমা করেছিলাম। আসলে আমার ঠাকুরদাদা ছিলেন এণ্ড্রুজ স্কুলের ছাত্র, আমার বাবা এণ্ড্রুজ থেকে এলএলবি করেছিলেন। আমার ঠাকুরদাদা প্রায়ই আমাকে একটা কথা বলতেন, "prove all things hold fast which is good", এই বাক্যটা তাঁর জীবনে পজেটিভ প্রভাব ফেলতে সক্ষম হয়েছিল। তাই আমার খুবই ইচ্ছা ছিল সেখানে পড়ার।

সেদিন সকালে আমি খবরের কাগজে নিজের রোল নম্বর খুঁজছিলাম, আমি নিচ থেকে খুঁজতে শুরু করেছিলাম। উপর পর্যন্ত যাই, কিন্তু আমার রোল নম্বরটা চোখে পড়েনা। মনটা খুব খারাপ হয়ে যায়।

ভাবলাম আর একবার ভালো করে খুঁজে দেখি। এইবার উপর থেকে দেখ তে শুরু করি, প্রথম, দ্বিতীয়, তৃতীয়...দশম ও একাদশ। "আরে! এই তো আমার রোল নম্বর।"

মেধা তালিকায় আমার স্থান ছিল এগারোতে, আমি এলএলবি পড়ার জন্য ভর্তি হয়ে যাই। ১০০-র মধ্যে ৭০ পেয়েছিলাম আমি। এর জন্য আমি কী করেছিলাম, শুধুমাত্র 'মাঠে নেমেছিলাম"। খুব সহজ ভাষায় বললে বলতে হয়, আপনি যদি সর্বদা সঠিক সময়ের অপেক্ষা করে বসে থাকেন, তাহলে কোনও দিন সঠিক সময় আসবেনা। সঠিক সময় লাভের জন্য আপনাকে 'মাঠে নামতেই' হবে। আপনি মাঠে নামার সাহসটা দেখালে, হয়তো জিতে যেতে পারেন, কিন্তু যদি মাঠেই না নামেন, তাহলে জয়ের আশা করেন কীভাবে? সঠিক সময়ের অপেক্ষায় বসে থাকলে, সময় অপচয় ছাড়া আর কিছুই হবেনা।

সময় পরিচালনা সম্পর্কিত কিছু বিষয়

- আমাদের জীবনের বেশিরভাগ সমস্যার কারণ হল অন্তরআত্মা, তা আমাদের চিন্তার থেকে উৎপন্ন হয়। আমরা অনেক কাজ করতে সমর্থ, কিন্তু 'যদি অসফল' হয়ে যাই, সেই ভয়ে আমরা সেই কাজে হাত দিই না। তাতে করে সময় নষ্ট হয়। এমনভাবে নিজের মানসিকতা তৈরি করুন, যাতে তা আপনাকে কর্ম করার প্রেরণা দেয়।
- অসুস্থ শরীরও সময় নষ্ট করে। কারণ আপনি একাগ্র হয়ে কোনও কাজ করতে পারেন না। তাই শারীরিক ও মানসিক দিক থেকে সুস্থ থাকার জন্য নিয়মিত ব্যায়াম করার অভ্যাস করুন। এতে করে একাগ্র হয়ে কাজ করতে পারবেন ও নিজের মূল্যবান সময় বাঁচবে।

অধ্যায়-২৭

সময় তো চলেই যাবে, কিন্তু আপনি এর সঠিক ব্যবহার করেছেন কি?

"সময় আপনাকে যে অভিজ্ঞতা দিয়ে যায়, আপনি যদি বুদ্ধির সাথে তার ব্যবহার করেন, তাহলে কোনও সময়ই নষ্ট হয়না।" অগস্ত রোডিন

২০১১ সালে যখন এলএলবি পড়তে ঢুকি, তখন আমি ২৫ বছরের যুবক। তখন আমার এক বন্ধু আমাকে বলে, ২০১৪ সালে যখন তোমার এলএলবি-র কোর্স শেষ হবে, তখন তুমি ২৮ বছরের হয়ে যাবে। তখন আমি হেসে বলেছিলাম, যদি আমি এলএলবি নাও পড়ি তাহলেও ২০১৮ সালে আমার বয়স ২৮ হয়ে যাবে। সময় কাউর জন্য বসে থাকবেনা। তাই এর ব্যবহার করে নেওয়াই শ্রেয়।

আমি শুধু আমার কথা বলতে চাইছি না। আমার মতো এমন বহু মানুষ আছেন, যারা বলেন, "আমার কাছে পাঁচ বছর অপেক্ষা করার মতো সময় নেই। কারণ ৫ বছর বাদে আমার বয়স তিরিশ বছর হয়ে যাবে।" আপনি চান বা না চান পাঁচ বছর দেখতে দেখতে চলে যাবে, আপনি তিরিশের হয়েই যাবেন। তবে আপনি এই সময়ের ব্যবহার করেছেন, কি করেননি, সেটা একটা বিরাট প্রশ্ন চিহ্ন হয়ে থেকে যাবে।।

সময় সর্বদা প্রবাহিত হতেই থাকে, আপনি কখনই একে ধরে রাখতে পারবেন না। তাই আমরা সময়ের পরিচালনা করিনা, পরিচালনা করি নিজেদের কাজের।

আপনার সামনে দুটি পথ খোলা আছে। এক, আপনি দ্রুত পায়ে চলে সময়কে ধরে রাখতে পারেন ও তার থেকে লাভবান হন। অর্থাৎ সময়ের সার্থক প্রয়োগের দ্বারা নিজের লক্ষ্য প্রাপ্ত করুন। আর তা নাহলে আপনিও নিজের তৃতীয় হাতের প্রয়োগ করতে পারেন। 'আমার কাছে অপেক্ষা করার মতো সময় নেই', তখন সময় নিজেই আপনাকে তার শক্তি দেখাবে।

সময় পরিচালনা সম্পর্কিত কিছু বিষয়

- **পরিষ্কার-পরিচ্ছন্নতা** হয়তো আপনার স্মরণশক্তি খুব ভালো, আপনি কোথায় কী রাখেন তা খুব ভালোই মনে থাকে আপনার। সেই কারণেই হয়তো, আপনি নিজের টেবিল ও ঘরে জিনিস পত্র ছড়িয়ে-ছিটিয়ে রেখে দেন। কিন্তু গবেষণা থেকে দেখা গিয়েছে, আমার যদি নিজেদের টেবিল পরিষ্কার-পরিচ্ছন্ন রাখি, শুধুমাত্র বর্তমান সময়ে যেই গুলি প্রয়োজন সেই গুলি টেবিলের উপর রাখ লে আমাদের উৎপাদন ক্ষমতা ২০-৪০ শতাংশ বৃদ্ধি পায়।
- যে জিনিস গুলি আপনার কাজের নয় বা যেগুলো ভবিষ্যতেও কাজে লাগবে না, সেই গুলি অবশ্যই ডাস্টবিনে ফেলুন।
- কোনও জিনিস বা কাগজ-পত্র যদি অন্যের প্রয়োজনীয় বলে মনে হয়, তাহলে সেই গুলি তার হাতেই তুলে দিন।
- ভবিষ্যতে দরকার হতে পারে এমন জিনিস পত্র বা কাগজ-পত্র গুলি কোনও নির্দিষ্ট স্থানে রেখে দিতে পারেন।
- প্রয়োজনীয় কাগজ-পত্র ফাইলে রেখে সেই ফাইলের উপর তা লিখে রাখুন। যাতে ভবিষ্যতে তা খুঁজে পেতে সুবিধা হয়।
- গবেষণা থেকে আরও একটা বিষয় জানা গিয়েছে, যখন প্রমোশনের প্রশ্ন আসে, তখন বস সেই সমস্ত ব্যক্তিদেরই প্রমোশন দেওয়ার কথা ভাবেন যারা নিজেদের কাজ গুছিয়ে করতে জানেন। যারা নিজেদের কাজ সুন্দর ভাবে ব্যবস্থিত করতে জানেন, তারাই প্রমোশন পাওয়ার তালিকায় নিজেদের নাম করে নিতে সক্ষম হন।

অধ্যায়-২৮

সর্বদা সত্যের পথে চলুন

"আপনি মিনিটের খেয়াল রাখুন, ঘণ্টা নিজেই নিজের খেয়াল রাখবে।" লর্ড চেস্টরফিল্ড

আমি ছোটবেলায় টিভি-তে একটা কমেডি ফিল্ম দেখেছিলাম। ফিল্মের মান ছিল 'গোলমাল', ১৯৭৯ সালে মুক্তি পায় এই ছবিটি। শীঘ্র সফলতা পাওয়ার আশায় সিনেমার হিরো একটা মিথ্যের সাহায্য নেয়। সেই মিথ্যের থেকে বাঁচার জন্য তাকে আর একটা মিথ্যের সাহায্য নিতে হয়। এইভাবে তাকে একের পর এক মিথ্যে বলতে হয়। তাতে করে মিথ্যের পরিমাণ ক্রমশ বৃদ্ধি পেতে থাকে।

ঘুড়ি ওড়ার সময় সুতোর পরিস্থিতি যেমন হয়, মিথ্যে বলার সময়তেও একটা মানুষের পরিস্থিতি ঠিক তেমনি হয়। একটা কথা মাথায় রাখবেন, একবার যদি কোনও কিছু জটিল হতে শুরু করে, তখন তার জটিলতা ক্রমশ বৃদ্ধি পায়।

হয়তো আপনার মনে হতেই পারে, সত্যের সাথে 'সময় পরিচালনা'-র সম্পর্ক কী? সত্য বললে সময় বাঁচে। উদাহরণ স্বরূপ ওই ফিল্মের কথাই বলতে পারি। যদি হিরো প্রথমেই সত্যি বলতো, তাহলে তাকে মিথ্যে বলতে হতো না, আর তার সময় বেঁচে যেত।

যখন মানুষ মিথ্যে বলে, তখন সে সর্বদা মানসিক চাপের মধ্যে থাকে, কখন তার বলা মিথ্যে ধরা পড়ে যায়, সেই ভেবে। যে মিথ্যে বলে, তাকে সর্বদা মনে

রাখতে হয়, কোনও বিশেষ পরিস্থিতিতে কোন ব্যক্তিকে সে কোন কথা বলেছিল। কারণ সে সর্বদা নিজের লাভের কথা ভেবে এক-এক পরিস্থিতিতে এক-এক রকম কথা বলে, প্রত্যেকেই সে মিথ্যা বলে। কিন্তু যে সত্যি কথা বলে, তাকে এই রকম কোনও সমস্যায় পড়তে হয়না। সে সর্বদা সত্যি বলে, তাই, তার নিজের ভালো লাগে এবং আত্মবিশ্বাস বেশ খানিকটা বৃদ্ধি পায়।

প্রত্যেক ধর্মের ক্ষেত্রেও মানুষকে এই শিক্ষাই দেওয়া হয়েছে, সত্য বলা ধর্ম আর অসত্য বলা অধর্ম। তাই সর্বদা সত্যি কথা বলে ধর্মের পথে চলুন ও নিজের সময় বাঁচান।

সময় পরিচালনা সম্পর্কিত কিছু বিষয়

- কাউকে প্রভাবিত করার জন্য মিথ্যে বলবেন না। হয়তো তাতে করে আপনি ক্ষণিকের জন্য লাভবান হতে পারেন, কিন্তু যদি ভবিষ্যতের দিকে তাকান, তাহলে দেখবেন, সেই মিথ্যের থেকে বাঁচার জন্য আপনাকে আর একটা মিথ্যে কথা বলতে হচ্ছে। এতে করে আপনাকে শুধু যে আর কেউ বিশ্বাস করবে না, তাই নয়, কোনও না কোনওভাবে আপনি নিজের বেশ খানিকটা সময়ও নষ্ট করবেন।
- বাস্তবটা বুঝুন এবং বাস্তবটা বলার চেষ্টা করুন। আজকের যুগের সমস্ত মানুষই যথেষ্ট বোঝদার। আপনি কী বলেন, সেটা খুব কম মানুষই খেয়াল করে, কিন্তু আপনি কী করছেন, সেইদিকে কিন্তু সকলেরই খেয়াল যায়। তাই কথা বলে সময় নষ্ট করবেন না। কাজ করুন, আপনার কাজই হয়ে উঠবে আপনার পরিচয়।

অধ্যায়-২৯

নেগেটিভ লোকেদের থেকে দূরে থাকুন

"পৃথিবীর সবচেয়ে বড় সম্পত্তি যাকে আর পুনরায় ফিরে পাওয়া যায়না, সেটাই হল সময়।" অজ্ঞাত

আমরা যখন ছোট ছিলাম, তখন আমাদের বাবা-মা বা গুরুজনেরা সর্বদা আমাদের দিকে খেয়াল রাখতেন। যাতে আমরা এমন কোনও জিনিস মুখে না দিই, যাতে আমাদের প্রাণ সংশয় ঘটতে পারে, সেদিকে তাঁদের বিশেষ নজর থাকতো। সেই সাথে তাঁরা আমাদের এটাও শেখাতেন যে, কোনও অপরিচিত ব্যক্তির হাত থেকে কিছু নেওয়া উচিত না, কিছু খাওয়াও উচিত না। তাঁদের এই চিন্তা-ভাবনা গুলি খুবই মহান ছিল।

কিন্তু অধিকাংশ বাবা-মা পেটের খিদেকে যতটা গুরুত্ব দেন, মস্তিষ্কের আহারের বিষয়ে তারা ঠিক ততটাই উদাসীন। পেটে যদি কোনও বিষাক্ত পদার্থ চলে যায়, তাহলে শীঘ্রই তার প্রভাব দেখা যায়। কিন্তু যদি মস্তিষ্কে কোনও বিষাক্ত বিষয় ঢুকে পড়ে, তাহলে শীঘ্র তার কোনও প্রভাব পড়েনা। তাই সেইদিকটা নিয়ে বেশিরভাগ মানুষরাই উদাসীন থেকে যায়।

কিছুদিন আগে আমি থমাস এডিসনের ঘটনা শুনি। নেগেটিভ মানুষরা কতটা ক্ষতি করতে পারে, থমাস এডিসন বোধহয় তার সবচেয়ে বড় উদাহরণ। থমাস এডিসন যখন স্কুলে ভর্তি হন, তার কিছুদিন বাদে তাঁর শিক্ষিকা তাঁর হাতে একটা

চিঠি দেন, আর সেটা তাঁর মাকে দিয়ে দিতে বলেন। শিক্ষিকা যে বলেছিলেন, এডিসন অক্ষরে অক্ষরে সেই কথা পালন করেন। চিঠিটা পড়ে তাঁর মায়ের চোখ দিয়ে জল পড়তে শুরু করে।

চিঠিতে লেখা ছিল, এডিসন মানসিক দিক দিয়ে দুর্বল, সে আর পাঁচটা সাধারণ বাচ্চার সাথে পড়ার যোগ্য নয়, সে ওই স্কুলে পড়লে, সেখানকার বাচ্চাদের ওপর খারাপ প্রভাব পড়তে পারে।

মাকে কাঁদতে দেখে এডিসন অবাক হয়ে যান, তিনি তাঁর মাকে কান্নার কারণ জিজ্ঞাসা করেন। চিঠিতে কী লেখা ছিল তা নিয়েও তাঁর মনে কৌতুহল জাগে। মা নিজেকে সামলে নিয়ে বলেন, এডিসন পড়াশোনায় এতই দক্ষ যে, ওই স্কুলের কোনও শিক্ষিকার তাঁকে পড়ানোর ক্ষমতা নেই। সেই দিনকার পর থেকে এডিসন আর কোনও দিন স্কুলে যাননি, তাঁর মা শুধু যে তাঁকে পড়াশোনা শিখিয়ে বড় করেছিলেন তাই নয়, সেই সাথে তাঁকে এটাও বিশ্বাস করতে শেখায় যে, তিনি যা চান তাই করতে পারেন।

আজ পৃথিবীর এমন কোনও প্রান্ত নেই, যেখানকার মানুষ এডিসনের নাম জানেন না, তিনি পৃথিবীর কয়েকজন বিজ্ঞানীর মধ্যে অন্যতম। সেদিন যদি এডিসনের মা তাঁর মনে সেই বিষাক্ত বীজ বপন করে দিতেন, তাহলে হয়তো আজ কেউই এডিসনের নাম জানতে পারতো না।

বেশিরভাগ মানুষের হয়তো এডিসনের মতো কপাল থাকেনা। (তাঁর মা শিক্ষিকার কথা বিশ্বাস করেননি, আর শিশু মনেও সেই বিষাক্ত বীজ বপন হতে দেননি।) কিন্তু বেশির ভাগ মানুষ কোনও রকম চিন্তা-ভাবনা না করেই সেই নেগেটিভ বিচার গুলি স্বীকার করে নেয়, এবং একটা সীমিত গণ্ডীর মধ্যে নিজেদের জীবন অতিবাহিত করতে শুরু করে।

আপনি যখন নিজের ক্ষমতা নিয়ে সন্দেহ প্রকাশ করবেন, তখন আপনার আত্মবিশ্বাস কমে যাবে। সফলতার জন্য একটা প্রয়োজনীয় পদক্ষেপ করতেও ভুলে যাবেন আপনি। আজকের কাজ কালকের জন্য রেখে দেবেন, কাজ এড়িয়ে চলার চেষ্টা করবেন, যাতে করে সময় অপচয় হবে। বেশিরভাগ লোক নিজেদের নিষ্কর্মা মনে করে, আর এই কারণের পিছনে রয়েছে অন্যের মতামত। আর সেই কারণে তারা কাজে হাতও দেয়না।

ঈশ্বর আপনাকে বহু ক্ষমতা দিয়েছেন। আপনাকে সেই ক্ষমতা গুলি চিনতে হবে। কীভাবে তার শ্রেষ্ঠ প্রয়োগ করা যায় তা নিয়ে ভাবুন। যতটা সম্ভব নেগেটিভ বিচারধারার লোকেদের থেকে দূরে থাকুন। যদি তাদের সঙ্গে সাক্ষাৎ হয়েও

যায়,তাহলেও তাদের বিচার যাতে আপনার মস্তিষ্ককে বিষাক্ত করে তুলতে না পারে, সেদিকে খেয়াল রাখবেন।

সময় পরিচালনা সম্পর্কিত কিছু বিষয়

- যখনই কেউ আপনার সামনে কোনও নেগেটিভ কথা বলবে, তখন সে কী চাইছে সেটা বোঝার চেষ্টা করুন। সে আপনার সমালোচনা করে, আপনার ভালো করতে চাইছে নাকি ছোট করার চেষ্টা করছে। এছাড়া যে আপনার সমালোচনা করছে সে জীবনে কতটা উন্নতি করেছে, সেটাও বিচার করে দেখুন। কিন্তু যে নিজের জীবনেই উন্নতি করতে পারেনি, এমন কোনও ব্যক্তির কথায় একদম কান দেবেন না।
- আপনি কোনও কাজ করতে গিয়ে হয়তো কোনও ভুল করে ফেলেছেন। সেই জন্য আপনার সমালোচনা হতে পারে। তবে একটা কথা ভুলবেন না, আপনি যখন কিছু করবেন, তখনই কিছু শিখবেন। আপনি যদি কিছু না করেন, তাহলে হয়তো সমালোচনার হাত থেকে বাঁচতে পারেন, কিন্তু কোনও কাজ শিখতে পারবেন না।
- কোনও এক মহান ব্যক্তি বলেছেন, "নেতিবাচক ব্যক্তিরা এমনই যাদের কাছে সমস্ত সমাধানের সমস্যা বেরিয়ে আসে।"

অধ্যায়-৩০

বিশেষজ্ঞরা সময় বাঁচাতে জানেন

"আজ থেকে এক বছর বাদে আপনি ভাববেন, যদি আমি এক বছর আগেই কাজ শুরু করতাম!" ক্যারেন ল্যাম্ব

যখন কোনও বিশেষজ্ঞ ব্যক্তি নতুন কোনও কাজে হাত দেন, তখন তিনি সেই কাজের পিছনে অনেকটা সময় দেন, কীভাবে তা আরও ভালো করে তোলা যায়, সেই চেষ্টা করেন, তাই তাঁর অভিজ্ঞাতও খুব বেশি হয়। তিনি নিজের কেরিয়ারে বহু বিষয়ের সমাধান করেন। তাঁর কাছে বেশির ভাগ পরিস্থিতি 'বাম হাতের' খেলা হয়। আপনি যদি কোনও বিশেষজ্ঞের কাছে যাওয়ার বদলে কোনও অশিক্ষিত বা অভিজ্ঞতাহীন ব্যক্তির কাছে যান, তাহলে পরিস্থিতি একেবারেই ভিন্ন হয়ে যাবে। এমন ব্যক্তির কাছে গেলে, আগে সে আপনার সমস্যা কী, সেটা বুঝতেই খানিকটা সময় নিয়ে নেবে। একজন বিশেষজ্ঞ কোনও বিষয় নিয়ে যত ভালো বিচার করতে পারেন, অন্য কাউর পক্ষে তা সম্ভব হয়না। তাই সমস্যায় পড়লে বিশেষজ্ঞদের কাছেই যাবেন।

আমাদের শরীর যখন খারাপ হয় তখন নিজেদের সুস্থ করে তোলার জন্য আমরা যত শীঘ্র সম্ভব কোনও ডাক্তারের কছে যাই। আমরা ডাক্তারের পরামর্শ নিই, আর সেই হিসাবেই চলি, যাতে শীঘ্র সুস্থ হয়ে ওঠা যায়। যখন আমরা কোনও আইনি বিপাকে পড়ি, তখন সমাধানের পথ খোঁজার জন্য কোনও উকিলের স্মরণাপন্ন

হই। তিনি যে পথ দেখান সেই অনুসারেই চলার চেষ্টা করি। আমরা যেকোনও ডাক্তার বা উকিলের কাছে যেতে চাই না, বরং কোনও বিশেষজ্ঞের কাছে যেতে চাই। এমন কাউর কাছে যেতে চাই, যিনি নিজের কেরিয়ারে ক্রমাগত উপর দিকে উঠতে সক্ষম হয়েছেন। এমন মানুষের কাছে পৌঁছানোর জন্য আমরা কয়েক ঘণ্টা অপেক্ষা করতেও রাজি থাকি। তিনি পারিশ্রমিক হিসাবে যে অর্থ দাবি করেন, তাও দিতে প্রস্তুত থাকি। কারণ এমন মানুষের প্রতি আমাদের ভরসা জন্মে যায়, ভালো পরিণাম লাভের আশা থাকে আমাদের ভেতরে।

অধিকাংশ বিশেষজ্ঞদের পারিশ্রমিক একটু বেশি হয়। হওয়াও উচিত। কারণ সময়ের সাথে সাথে তাঁরা যে শুধু নিজেরাই দক্ষ হয়ে ওঠেন তাই না, বরং তাঁরা নিজেদের গ্রাহকদেরও ভালো পরিণাম দিতে সক্ষম হন। সবচেয়ে গুরুত্বপূর্ণ হল, গ্রাহকদের মূল্যবান সময় বাঁচাতে সাহায্য করে।

সময় পরিচালনা সম্পর্কিত কিছু বিষয়

- আপনি যে ফিল্ডেই কাজ করুন না কেন, আপনার ফিল্ডের বিশেষজ্ঞদের দিকে দেখুন ও তাঁদের মতো নিজের ফিল্ডেই শীঘ্র উপরে ওঠার চেষ্টা করুন।
- বিশেষজ্ঞদের কাছে সময়ের অভাব থাকে, তাই তাঁদের কাছে যাওয়ার আগে থেকেই নিজেকে প্রস্তুত করে নিন। আপনি কোন উদ্দেশ্য নিয়ে তাঁর কাছে যাচ্ছেন এবং তাঁকে গিয়ে কী কী প্রশ্ন করবেন সেই গুলি আগে থেকেই ঠিক করে নিন।

অধ্যায়-৩১

অসুস্থ শরীরকে সময় আরোও অসুস্থ করে তোলে

"কোনও কাজ করার জন্য আপনি ততক্ষণ পর্যন্ত সময় পাবেন না, যতক্ষণ না আপনি নিজের থেকে সেই কার্য করার জন্য সময় বার করছেন।'' চালর্স ওরুকসটন

এন্ড্রু ফ্লিন্টোফ ইংল্যাণ্ডের একজন জনপ্রিয় অল রাউণ্ডার ক্রিকেটার ছিলেন। তিনি যখন খেলতেন, তখন পৃথিবীর জনপ্রিয় ক্রিকেটারদের মধ্যে তিনি ছিলেন অন্যতম। আহত হওয়ার কারণে তাঁকে বেশ কিছুদিন মাঠের বাইরে থাকতে হয়েছিল, বিশ্রামের জন্য। কিন্তু ধীরে ধীরে তাঁর শারীরিক অবস্থার অবনতি ঘটে। তখনও তিনি ৩২ বছরে পা দেননি, ক্রিকেটকে সারা জীবনের মতো 'টা-টা' করে চলে যেতে হয় তাঁকে।

তিনি যদি সুস্থ থাকতেন, তাহলে শুধু যে ক্রিকেটের জগতে উজ্জ্বল তারকা হয়ে থাকতেন তাই নয়, সেই সঙ্গে গড়তেন বহু বিশ্ব রেকর্ড। হয়তো সেই কথা বলার আবশ্যকতা নেই।

সুস্বাস্থ্য আপনার জীবনকে আনন্দ ও খুশিতে ভরিয়ে তোলে। সেই সাথে তা আপনার কার্য ক্ষমতা কয়েক গুন বৃদ্ধি করে। মানুষ যখন সুস্থ থাকে, তখন অনেক

উৎসাহ ও দ্রুততার সাথে নিজের কাজ করতে সক্ষম হয়। কিন্তু একজন অসুস্থ মানুষের জীবনে উৎসাহই নষ্ট হয়ে যায়। তার কোনও কাজ করতে ভালো লাগেনা, যে কারণে সময় নষ্ট ছাড়া কিছুই হয় না।

অসুস্থ শরীর এবং আঘাতের কারণে বহু খেলোয়াড়ের কেরিয়ার মাঝপথেই শেষ হয়ে যায়, তারখসার মতো নক্ষত্র পতন ঘটে তাঁদের জীবনে। বিশ্ব কাপ বা অলিম্পিকের মতো খেলার জগতেও এই রকম ঘটনা ঘটতে দেখা যায়।

খেলোয়াড় হোক বা ফিল্ম স্টার বা কোনও শিল্পপতি সকলের ক্ষেত্রে একটা বিষয়কে আমরা সাধারণ বলে ধরে নিতে পারি, আর তাহল 'সুস্বাস্থ্য'। কারণ তাঁরা জানেন, জীবনে যদি উন্নতি করতে হয়, তাহলে সুস্থ থাকাটা খুবই জরুরি।

কোনও খেলোয়াড় যখন আহত হন, তখন তাঁকে খেলার জগতে থেকে দূরে সরে বিশ্রাম নিতে হয়, কিন্তু তাতে করে তাঁর সময়টা অনেকটাই নষ্ট হয়। ফিল্ম স্টারদের ক্ষেত্রেও এই একই বিষয় দেখা যায়। আঘাতের জন্য তাঁদের নিজেদের বিশ্রাম নিতে হয়। তাতে করে তাঁদের মূল্যবান সময় নষ্ট হয়।

আপনি জীবনে অনেক অর্থ রোজাগার করতে পারবেন ঠিকই, কিন্তু সময়ের সাথে জীবনের যে ভাগটা চলে যায়, তা আর কেনও দিন ফিরে পাবেন না। তাই নিজেকে সুস্থ রাখাটা আপনার জীবনের সবচেয়ে বড় লক্ষ্য হওয়া উচিত। নিজেকে সুস্থ রাখার জন্য আমাদের পুষ্টিকর খাদ্য খাওয়ার সাথে সাথে নিয়মিত ব্যায়ামও করা উচিত। যোগাভ্যাসকে নিজের জীবনের অভিন্ন অংশ করে তোলার চেষ্টা করুন।

সময় পরিচালনা সম্পর্কিত কিছু বিষয়

- রাস্তার পাশে উন্মুক্ত অবস্থায় যে খাবার গুলি বিক্রি হয়, সেই গুলি কখনই কিনবেন না, তেমনি রাস্তায় জল খাওয়ার সময় সেই জল দূষিত কিনা দেখে নেবেন। এমন কোনও জল বা খাবার খাবেন না, যাতে করে আপনি অসুস্থ হতে পারেন।
- প্রতিদিন নিজের শরীরের জন্য এক ঘণ্টা সময় দিন। এই এক ঘণ্টায় ব্যায়াম করুন, যোগা ও প্রাণায়ম করুন, এছাড়া আর কিচ্ছু না।

অধ্যায়-৩২

ঋণ পরিশোধের ক্ষেত্রে সময় নষ্ট হয়

“সবচেয়ে অফসোসের বিষয় হল সময় খুব দ্রুত বয়ে চলেছে। তবে সবচেয়ে ভালো কথা হল, আপনি এই সময়ের পাইলট।” মাইকেল, অল্টশূলর

বেশ কয়েক বছর বাদে আমার এক বন্ধুর সাথে কথা হয়, কথায় কথায় তার ব্যবসা কেমন চলছে জিজ্ঞাসা করি। তখন জানতে পারি, সে নিজের ব্যবসা বন্ধ করে একটা প্রাইভেট কম্পানিতে কাজ করছে। এই কথা শুনে আমি আশ্চর্য হয়ে যাই। যে ব্যবসা এত ভালো চলছিল, তা বন্ধ করে প্রাইভেট কম্পানিতে কাজ করার কারণ কী হতে পারে?

তখন আমার বন্ধু বলে, তাঁর বাবাই ব্যবসার কাজটা সামলাতেন, তাঁর মৃত্যুর পর ব্যবসা সামলানোর লোক ছিলনা বললেই চলে। এমন অনেক ক্রেতা ছিল, যারা জিনিস কিনে নিয়ে যেত, আর পরের বার এসে পয়সা দেওয়ার প্রতিশ্রুতি দিয়ে যেত। পরের বার যখন আসতো, তখন সে একা আসতো না, সঙ্গে করে কিছু বাহানাও নিয়ে আসতো, যাতে করে টাকার বদলে আবার পরের বার আসার প্রতিশ্রুতি দিয়ে চলে যেত।

কিছু দিন বাদে নিজের কর্মচারীকে পাঠিয়ে টাকা শোধ নেওয়ার চেষ্টা করতো, কিন্তু কোনও লাভ হত না, শেষ পর্যন্ত নিজে গিয়েও ব্যর্থ হয়েই ফিরে আসতো।

ফলে পুঁজিতো ডুবে যাচ্ছিলই, সেই সাথে বারংবার টাকা আদায়ের চেষ্টায় যে মূল্যবান সময় নষ্ট হচ্ছিল, তার জন্য ব্যবসার ক্ষেত্রেও বিশেষ প্রভাব পড়ছিল। পরিস্থিতি এত খারাপ হয়ে যায় যে, তাকে ঋণ নিতে হয়। আর আজ তাকে নিজের ব্যবসা বন্ধ করে প্রাইভেট কম্পানিতে কাজ করতে হচ্ছে।

আমি কোথাও একটা পড়েছিলাম, যারা ধার দেয় তাদের স্মরণশক্তি যারা ধার নেয় তাদের থেকে ভালো হয়। আমি কখনই বলছি না, যে যারা ধার নেয় তারা কেউই ধার শোধ করেনা, কিন্তু বেশির ভাগ মানুষের ক্ষেত্রে দেখা যায়, ধার নেওয়ার পর তারা খুব শীঘ্র ভুলে যায়।

শুধুমাত্র অর্থের ক্ষেত্রেই এই বিষয় প্রযোজ্য তাই নয়, কোনও দামি জিনিস থেকে বই, সব ক্ষেত্রেই এই বিষয়টা সমানভাবে প্রযোজ্য। আমার কাছ থেকে বহু লোক এই বলে বই নিয়ে যেত যে, পড়া হয়ে গেলেই ফিরিয়ে দিয়ে যাব। কিন্তু আমি তাদের দ্বিতীয়বার দেখতে পাইনি।

যেখানেই ঋণ দেওয়ার প্রশ্ন আসবে, সেখানেই সরাসরি নিষেধ করতে শিখুন। নিজের জিনিস ফেরত নেওয়ার জন্য যদি আপনাকে দশবার যেতে হয় এবং নিজের মূল্যবান সময় নষ্ট করতে হয়, তাহলে এমন কাজ না করাই শ্রেয়।

সময় পরিচালনা সম্পর্কিত কিছু বিষয়

- ❖ আজই সিদ্ধান্ত নিয়ে নিন, অর্থ বা কোনও মূল্যবান বস্তু কাউকে ধার দেবেন না।
- ❖ আগে যে ব্যক্তি আপনার কাছ থেকে ধার নিয়ে গিয়েছে, সে যদি পুনরায় এসে ধার চায়, তাহলে আগে পুরোনো বকেয়া ফেরত দিতে বলুন। ঈশ্বরের কৃপায় যদি আপনি আগের অর্থ পেয়ে যান, তাহলে পুনরায় ধার দেওয়ার মতো ভুল করবেন না।

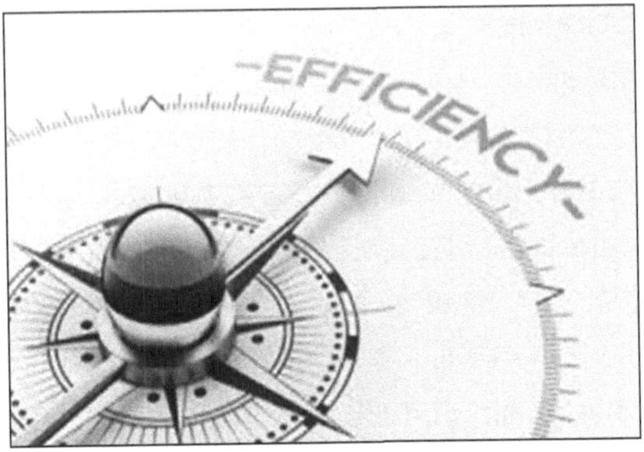

অধ্যায়-৩৩

খালি সময়ের সঠিক প্রয়োগ করুন

"নিজের সময়ের ৯০ শতাংশ অংশ কোনও কিছু সমাধানের জন্য ব্যয় করুন, আর ১০ শতাংশ অংশ সমস্যার জন্য।" এন্থোনি জে ডিএঞ্জেলো

আমার লখনউ যাওয়ার কথা ছিল, কিন্তু আমার ট্রেন প্রায় পাঁচ ঘণ্টা লেট হয়ে যায়। আমার সামনে তখন দুটো বিকল্প। হয় রাগে গরগর করে মূল্যবান পাঁচ ঘণ্টা সময় নষ্ট করা, আর নয়তো ওই মূল্যবান পাঁচ ঘণ্টা সময়ের সদ্ব্যবহার করা।

ট্রেন আসছিল না, যে কারণে স্টেশানে খুব ভিড় হয়ে যায়। প্রায় সমস্ত বসার জায়গাতেই খুব ভিড় ছিল। আমি প্ল্যাটফর্মের সামনের দিকে চলে যাই। সৌভাগ্য বশত একটা বসার জায়গা পাই। সেখানে ভিড় ছিলনা বললেই চলে।

আমি ব্যাগ থেকে নিজের ল্যাপটপ বার করি, নিজের বিভিন্ন বই গুলির জন্য কাজ শুরু করে দিই। দেখতে দেখতে কখন পাঁচ ঘণ্টা সময় কেটে যায়, বুঝতেই পারিনি। ওই পাঁচ ঘণ্টায়, আমার বই আরও আট পা এগিয়ে গিয়েছিল। অর্থাৎ আমি আটটা পৃষ্ঠা লিখে ফেলেছিলাম। আমি যদি এই পাঁচ ঘণ্টার সদ্ব্যবহার না করতাম তাহলে আমার বই যেখানে পড়েছিল, সেখানেই পড়ে থাকতো।

আমি একজন লেখক, তাই আমি নিজের নতুন বইয়ের কয়েকটা পৃষ্ঠা লিখে নিজের সময়ের সদ্ব্যবহার করতে পারি। আপনিও কোনও না কোনও ভাবে নিজের

মূল্যবান সময়ের সদ্ব্যবহার অবশ্যই করতে পারেন।

- নিজের কাজের তালিকা খুলে দেখুন, সেই সময়ের মধ্যে যে কাজ গুলি করা সম্ভব, সেই গুলি করে নিন।
- একটা ভালো বই পড়ে, নিজের জ্ঞানের ভাণ্ডার খানিকটা বৃদ্ধি করতে পারেন।
- পরবর্তি সময়ের জন্য পরিকল্পা করতে পারেন।
- নিজের কোনও বন্ধুকে ফোন করে তার ভালো-মন্দ কথা জিজ্ঞাসা করতে পারেন।
- নিজের বাড়িতে ফোন করুন, যদি কোনও প্রয়োজন থাকে তা কী ভাবে সম্পন্ন হতে পারে সেই বিষয়ে আলোচনা করতে পারেন।
- ভবিষ্যতে কোনও জিনিস কেনার কথা ভাবছেন কি? তাহলে সেই বিষয়ে ইন্টারনেটে সার্চ করতে পারেন। হেল্পলাইন নম্বর থেকে আপনি তথ্য পেয়ে যাবেন।

এখানে আপনাকে কিছু উদাহরণ দেওয়া হল, আপনি নিজের ইচ্ছা মতো নিজের সময়ের সদ্ব্যবহার করতে পারেন। আপনি দেখুন আপনার কাছে কোন কোন গুরুত্বপূর্ণ কাজ আছে, সেই অনুসারে আপনি ঠিক করুন কী ভাবে নিজের খালি সময়ের ব্যবহার করবেন? তবে একটা কথা মাথায় রাখবেন, এক সেকেণ্ড সময়ও যেন নষ্ট না হয়, নিজের খালি সময়ের সঠিক ব্যবহার করুন।

সময় পরিচালনা সম্পর্কিত কিছু বিষয়

- ❖ যখন ট্রেন লেট হয়ে যাবে, বা ডাক্তার দেখাতে গিয়ে যদি বেশি সময় লাগে তাহলে রাগ করে নিজের সময় ও পরিস্থিতি নষ্ট করবেন না। কী ভাবে ওই মূল্যবান সময়ের সদ্ব্যবহার করা যায় সেই কথা ভাবুন।
- ❖ কোন কোন কাজ হয়ে গিয়েছে, তা চেক করে দেখাটা খুবই জরুরি। আপনার কাছে যদি তালিকা থাকে, তাহলে কোন কাজ আপনার কাছে গুরুত্বপূর্ণ সেটা আপনি খুব ভালো করেই জানেন। তাই খালি সময়ে তার মধ্যে কোন কাজটা আপনি সেরে ফেলতে পারবেন, তা দেখে নিন।

অধ্যায়-৩৪

লোম্বার্ডি টাইম

"প্রতিটা মুহূর্তে আপনি নিজেই নিজের জীবনের গল্প লিখছেন।"
হশ্বওয়ার্ড মার্টিন

উইন্স লোম্বার্ডি ছিলেন একজন মহান কোচ, তিনি লোম্বার্ডি টাইম শব্দের সৃষ্টি করেছিলেন। উইন্স লোম্বার্ডি তাঁর খেলোয়াড় বা কোচদের থেকে একটাই জিনিস চাইতেন, আর তাহল মিটিং হোক বা প্রাক্টিস, নির্ধারিত সময়ের ১৫ মিনিট আগে সবাইকে পৌঁছাতে হবে। যদি কেই নির্ধারিত সময়ের ১৫ মিনিট আগে পৌঁছাতে না পারতো, তাহলে তাকে লেট বলে ধরে নেওয়া হতো। তখন থেকে এই প্রক্রিয়া লোম্বার্ডি টাইম হিসাবে পরিচিত, অর্থাৎ নির্ধারিত সময়ের ১৫ মিনিট আগে আসা। এইভাবে তিনি যে শুধু তাঁর দলকে পরিচালিত করেছিলেন তাই নয়, সেই সাথে তিনি সারা বিশ্বের কাছে নিজের বিজয়ী ছবি গড়ে তুলতে সক্ষম হয়েছিলেন।

আমরা যখন স্কুলে পড়াশোনা করতাম, তখন যে সমস্ত ছাত্র স্কুলে আসতে দেরি করতো তাদের পুরো এক ঘণ্টা দাঁড়িয়ে থাকতে হতো। এটাই ছিল তাদের শাস্তি। সেই ছাত্ররা যদি লোম্বার্ডি টাইম মেনে চলতো, তাহলে তারা যে শুধু শাস্তির হাত থেকে বাঁচতো তাই নয়, সেই সাথে তাদের মূল্যবান এক ঘণ্টা সময়ও বেঁচে যেত।

এমন কখনও হয়েছে যে আপনি ট্রেন ধরতে গিয়েছেন, আর আপনার পৌঁছানোর আগেই তা স্টেশান ছেড়ে বেরিয়ে গিয়েছে। সামান্য একটু দেরির জন্য

আপনাকে কতটা সমস্যায় পড়তে হয়েছে? শুধু যে অর্থদণ্ড হয়েছে তাই নয়, সেই সাথে যে মানসিক চাপ ভোগ করতে হয়েছিল তা নিশ্চয়ই আপনার মনে আছে।

যদি লোম্বার্ডি টাইম মেনে চলতে পারেন, তাহলে ট্রেন ধরতে পারবেন না, এমনটা হতেই পারেনা।

লোম্বার্ডি টাইমের সবচেয়ে বড় লাভ হল আত্ম-অনুশাসন। তাতে করে আপনি যেকোনও স্থানে নির্ধারিত সময়ের আগেই পৌঁছে যাবেন আর এটা আপনার অভ্যাসে পরিণত হবে। যারা নিজেদের সময়ের গুরুত্ব বোঝেন তাদের সকলেই সম্মানের চোখে দেখে। সময়ের গুরুত্ব বোঝে এমন লোক খুবই কম আছে, তাই যারা তা বোঝে তারা প্রশংসার পাত্র হয়ে ওঠে। যখন প্রমোশন দেওয়ার কথা ওঠে তখন সর্বাগ্রে এই ধরনের মানুষগুলির নামই উঠে আসে। আপনিও নিজেকে এই তালিকার অন্তর্ভূক্ত করতে পারেন। তবে তার জন্য আপনাকে লোম্বার্ডি টাইম-কে জীবনের অংশ করে তুলতে হবে।

সময় পরিচালনা সম্পর্কিত কিছু বিষয়

- লোম্বার্ডি টাইমকে নিজের জীবনের অংশ করে তুলুন। আর যেকোনও স্থানে নির্ধারিত সময়ের ১৫ মিনিট আগে পৌঁছানোর চেষ্টা করুন।
- আপনি কি সর্বদা ভিড়ের মধ্যেও আলাদা দেখার ইচ্ছা রাখেন? লোম্বার্ডি টাইম গ্রহণ করুন, আজকের সমাজের বেশির ভাগ মানুষের কাছেই নিজের বা অন্যদের সময়ের কোনও দাম নেই।

অধ্যায়-৩৫

ডিজিটাল যুগে টাইম ম্যানেজমেন্ট

"দুটো কাজ একসাথে করার মানে, কোনও কাজই ঠিক মতো না হওয়া।" পব্লিয়স সাইরস

আজ আপনি যেদিকেই তাকান না কেন, সবার হাতেই অত্যাধুনিক মোবাইল অবশ্যই দেখতে পাবেন। আমি এই বইয়ের আগের এটা অধ্যায়ে লিখেছি, আপনি টেকনোলজিকে হয় নিজের বন্ধু করে তুলতে পারেন, আর তা না হলে শত্রু। টেকনোলজি আপনার বন্ধু হবে নাকি শত্রু, তা সম্পূর্ণ ভাবে আপনার উপর নির্ভর করছে। টেকনোলজি আজ আমার বন্ধু হয়ে উঠেছে, আমি নিজের মোবাইল ফোনের ব্যবহার করার সময় টাইম ম্যানেজমেন্টের কথা মাথায় রাখি, আর সফলতার সাথে সেই কাজ করতে সক্ষম হই।

এমনিতে টাইম ম্যানেজমেন্ট করার জন্য অনেক ধরনের অ্যাপের ব্যবহার করা যায়, কিন্তু আমি colornote নামক অ্যাপের ব্যবহার করতেই পছন্দ করি। আমি গুগল প্লেস্টোর থেকে এটি ডাউনলোড করেছিলাম। এই অ্যাপে দেওয়া ক্যালেণ্ডারে আমি প্রতিদিনকার চেকলিস্ট বানিয়ে নিই।

ইচ্ছা করলে আপনি একটা স্পাইরাল নোটবুকেও চেকলিস্ট বানাতে পারেন। কিন্তু যদি colornote বানান, তাহলে আপনি কিছু সুবিধা পাবেন, এই গুলি হল

- আপনি ভবিষ্যতের যেকোনও দিনের জন্য চেকলিস্ট বানাতে পারেন।

- দিনের শুরুতেই আপনি সেদিনের চেকলিস্ট দেখতে পাবেন, আপনার ফোনই তা আপনাকে দেখিয়ে দেবে, (যদি আপনি নিজের ক্যালেণ্ডারে সেদিনের চেকলিস্ট বানিয়ে রাখেন, তবেই।)
- কাজের গুরুত্ব অনুসারে আপনি নিজের সেই গুলিকে খুব সহজেই উপর নিচ করতে পারেন।
- চেকলিস্টে কোনও কাজ যদি আপনি ভুল করে কেটে ফেলেন, তাহলে আপনি পুনরায় তা যোগ করতে পারবেন।
- যে কাজ আপনি আজ করতে পারছেন না, সেই গুলি কালকের জন্য কপি পেস্ট করে যোগ করে নিন।
- মনে করুন, আপনি কবে মোটরসাইকেল কিনেছিলেন আপনার তা মনে নেই। আপনি যদি শুধুমাত্র মোটরসাইকেল ওয়ার্ডটা দিয়ে নিজের চেক লিস্টে সার্চ করেন, তাহলে সেই তারিখটা আপনার সামনে চলে আসবে।

আমি যে লাভ গুলি পেয়েছিলাম তার থেকে একটা বিষয় আপনাদের সামনে তুলে ধরলাম, এমনি বহু লাভ আজকের তথ্য-প্রযুক্তির যুগে আপনি লাভ করতে পারেন। অ্যাপ নির্বাচন করার আগে আপনার নিজের প্রয়োজন সম্পর্কে ওয়াকিবহাল হতে হবে, তবেই আপনি নিজের সঠিক অ্যাপটা নির্বাচন করতে পারবেন। তার সদ্ব্যবহার আপনাকে সন্তুষ্টি প্রদান করবে।

সময় পরিচালনা সম্পর্কিত কিছু বিষয়

- ❖ আজই গুগলে সার্চ করুন, কোন to do list îy checklist আপনি নিজের মোবাইল প্ল্যাটফর্মের জন্য পেতে পারেন। সেটি ডাউনলোড করুন ও ডিজিটালের যুগে দাপিয়ে বেড়ান।
- ❖ প্রথম দিকে আপনি যেকোনো অ্যাপ ডাউনলোড করতে পারেন, কিছুদিন ব্যবহার করুন, যদি তা আপনার কাছে ঠিক বলে মনে হয়, তাহলে তা রাখুন, না হলে ডিলিট করে দিন।
- ❖ আপনি যদি আই-ফোন ব্যবহার করেন, তাহলে অ্যাপেল অ্যাপ স্টোরে চেক করুন।

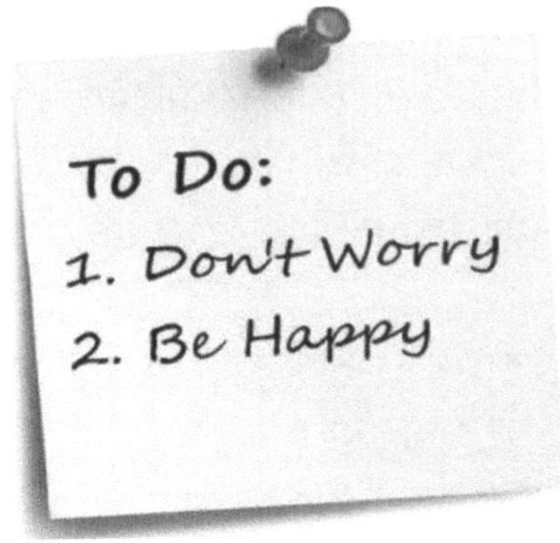

অধ্যায়-৩৬

ছোট-ছোট বিষয়ে মাথা না ঘামিয়ে নিজের সময় বাঁচান

"ধনী হওয়ার অর্থ অনেক পয়সা হওয়া, কিন্তু অনেক ধনী হওয়ার অর্থ সময় থাকা।" মারগ্রেট বোনানো

একটা ছোট্ট দেশলাইকাঠি থেকে কত বড় অগ্নিকাণ্ড হয়ে যেতে পারে তা নিশ্চয়ই আপনি জানেন, ঠিক তেমনই একটা ছোট্ট কথা বিরাট বড় সমস্যার সৃষ্টি করতে পারে। তাই ছোট-ছোট বিষয় নিয়ে মাথা না ঘামানই সবচেয়ে বুদ্ধিমানের কাজ। সেই সব মাথা থেকে ঝেড়ে ফেলে ভবিষ্যতের দিকে পা বাড়ান।

দুই ছোটবেলার বন্ধু ছোটর থেকেই তারা একসাথে পড়াশোনা করেছে এ জীবনের পথে এগিয়ে গিয়েছে। একদিন দুই বন্ধুর মধ্যে একজন ছোট্ট একটা উপহাস করে, তাতে অপর জনের অহং আহত হয়, তাতে করে তার মন আহত হয়। সেই ছোট্ট একটা উপহাস এতদিনের বন্ধুত্বকে তছনছ করে দেয়। এই ছোট্ট ঘটনা দুজনের মধ্যেই মানসিক চাপের সৃষ্টি করে। তাদের একাগ্রতা ও মানসিক শান্তি নষ্ট হয়। যে সময়টা তাদের কাজে লাগানো উচিত ছিল সেই সময়টা তারা হিংসা ও চিন্তা নিয়ে অতিবাহিত করতে থাকে।

এই দুই বন্ধুর কাছে দুটি পথ খোলা ছিল, হয় তারা ওই কথা নিয়ে বসে থেকে নিজেদের মধ্যে হিংসা-বিবাদ বৃদ্ধি করে মূল্যবান সময় নষ্ট করতে পারতো, এতে

তাদের ভবিষ্যৎ অন্ধকারময় হয়ে ওঠার সম্ভাবনাই বেশি। আর তা না হলে তারা নিজেদের মধ্যে কথা বলে সমস্যার সমাধান করতে পারতো, যাতে পুনরায় এমন ভুল না হয় তার প্রতিশ্রুতি নিতে পারতো।

ক্ষমা করা দুর্বলতার লক্ষণ নয়, বরং এটা সুখি জীবনের চাবিকাঠি। আপনি যখন কাউকে ক্ষমা করতে ভুলে যাবেন তখন আপনার জীবন জেলার ও বন্দির মতো হয়ে যাবে। আপনি জেলার আর যাকে ক্ষমা করতে পারছেন না, তিনি হলেন বন্দি। যাতে ওই বন্দির দিকে ২৪ ঘণ্টা নজর রাখা যায় সেই নিয়ে জেলার সর্বদা মানসিক চাপের মধ্যে থাকে, তাই বন্দির দিকে নজর রাখা ছাড়া জেলার আর কোনও কাজ করতে পারেনা। আমার মনে হয়না, এই কথাটা পড়ার পর আপনার আর জেলার হতে ইচ্ছা করবে।

অন্যদের ক্ষমা করুন, তার জন্য নয়, বরং আপনার নিজের জন্য। নিজের মানসিক শান্তির জন্য, বড় কথা হল আপনার মূল্যবান সময় বাঁচানোর জন্য।

সময় পরিচালনা সম্পর্কিত কিছু বিষয়

- সাধারণ জীবনে এর সবচেয়ে ভালো উদাহরণ আমরা রাস্তাতেই দেখতে পাবো। দুই দিক থেকে দুটি মোটরসাইকেল এসে একে অপরকে ধাক্কা মারে, তাদের মধ্যে কেউই নিজের কোনও ভুল স্বীকার করতে চায়না, ক্ষমা চাওয়া তো দূরের রাস্তা। বরং একে অপরের সাথে বচসা করে খানিকটা সময় নষ্ট করে। ছোট্ট একটা বিষয় দীর্ঘ আকার ধারণ করে, শেষ পর্যন্ত সম্পূর্ণ বিষয়টা শান্ত করার জন্য পুলিশের হস্তক্ষেপ অনিবার্য হয়ে ওঠে। তাই এমন ছোট-ছোট বিষয়ে নিজেকে জড়াবেন না। যদি আপনার ভুল থাকে, তাহলে ক্ষমা চেয়ে নিন, সেখানেই সমস্ত বিষয় শেষ করুন। নিজের মূল্যবান সময় বাঁচান।
- মানসিক শান্তিকেই সবচেয়ে গুরুত্বপূর্ণ বিষয় বলে মেনে নিন। জেলার হবেন না, কাউকে বন্দি করার চেষ্টা করবেন না। অন্যদের ক্ষমা করুন, তার জন্য নিজের জন্য, ঈশ্বরের কাছে আপনার সদ্‌বুদ্ধির কামনা করি।

অধ্যায়-৩৭

বিশেষ তারিখের দিকে নজরে রাখুন

"ধনী লোকেরা সময় বাঁচায়, গরীবরা ধন সঞ্চয় করে।" ওয়ারেন বফেট

শুধু অর্থোপার্জন করাটাই বড় কথা নয়, বরং তা সঞ্চয় করাটাও একটা বড় কথা। অর্থোপার্জন করতে সময় লাগে, সেই অর্থ অপচয় করা মানে নিজের সময়ও নষ্ট করা। কারণ অধিকাংশ ক্ষেত্রে অর্থোপার্জন করার জন্য আপনাকে সময়ও দিতে হয়।

অধিক অর্থোপার্জনের জন্য যদি কোনও নতুন রাস্তার সন্ধান না পান, তাহলে আপনি কোনও মতে নিজের অর্থ অপচয় করবেন না, সেটা আগে ঠিক করে নিন। এর একটা সহজ উপায় আছে, "বিশেষ তারিখের দিকে নজরে রাখুন।"

"বিশেষ তারিখ" গুলি হল

- ইলেক্ট্রিক বিল জমা করার শেষ তারিখ।
- আয়কর জমা করার শেষ তারিখ।
- স্কুল, কলেজের ফিস জমা করার শেষ তারিখ।
- ফোন ও ইন্টারনেটের বিল জমা করার শেষ তারিখ।
- আপনার যদি কোনও লোন চলে, তাহলে তা জমা করার শেষ তারিখ।
- নিজের ক্রেডিট-কার্ডের পেমেন্টের শেষ তারিখ।

এই ধরনের বিল গুলি জমা করার ক্ষেত্রে যদি আপনি সময়ের দিকে নজর না রাখেন, তাহলে দেরি করে জমা করার জন্য আপনাকে অতিরিক্ত অর্থ প্রদান করতে হয়। অতিরিক্ত পয়সা দেওয়ার জন্য আপনাকে অধিক সময় ধরে কাজ করতে হবে। সোজা কথায় তার জন্য আপনার বেশ খানিকটা সময় নষ্ট হয়।

নিজের ক্যালেণ্ডারে নোট করে রাখুন। দাগ দিয়েও রাখতে পারেন। মাসের কোন বিশেষ দিনে আপনাকে এই বিল গুলি জমা করতে হবে তা সহজেই মনে থাকবে। বিল জমা দেওয়ার পাঁচ দিন আগের তারিখটা নোট করে বা দাগিয়ে রাখ বেন। হয়তো কোনও গুরুত্বপূর্ণ কাজে ফেঁসে যাওয়ার জন্য আপনি সেই দিনে বিল জমা করতে পারলেন না। তাতে করে আপনার হাতে অতিরিক্ত পাঁচদিন থেকে যাবে।

নিয়মিত ভাবে এই ধরনের ক্যালেণ্ডার ব্যবহার করার দ্বিতীয় লাভ হল, আপনার মধ্যে একটা ভালো অভ্যাসের জন্ম হবে, সেই সাথে আপনি নিজেকে বিকশিত করার সুযোগ পাবেন, আপনি আত্মানুশাসনের মধ্যে চলতে পারবেন। এতে যে শুধু সময় বা অর্থ বাঁচবে তাই নয়, সেই সাথে নিজের পরিস্থিতিও নিয়ন্ত্রণে রাখ তে পারবেন।

সময় পরিচালনা সম্পর্কিত কিছু বিষয়

❖ আজই দেওয়ালে টাঙানোর জন্য একটা ক্যালেণ্ডারের ব্যবস্থা করুন। তাতে ওই বিশেষ তারিখে দাগ দিয়ে রাখুন, যাতে ওই বিশেষ তারিখটা আপনার নজর এড়িয়ে না যায়।

❖ আপনার যদি ক্যালেণ্ডারের প্রক্রিয়া পছন্দ না হয়, তাহলে নিজের মোবাইলের ক্যালেণ্ডারে একটা রিমাইণ্ডার সেট করে রাখুন। সময়ের আগে বিল জমা করতে পারলে আপনার সময় ও অর্থ দুই বাঁচবে।

"I am Responsible"

অধ্যায়-৩৮

কাজ সম্পূর্ণ করার দায়িত্ব নিজে নিন

"আপনি যদি সময়ের গুরুত্ব না বোঝেন, তার মানে বড় কিছু করার জন্য আপনার জন্ম হয়নি।" অজ্ঞাত

এই পৃথিবী-তে আপনি সবচেয়ে বেশি নিজেকে বিশ্বাস করুন। ৩৬৫ দিন ২৪ ঘণ্টা আপনি নিজের সাথেই থাকেন। আপনি নিজের কাজের জন্য অন্যের কাছ থেকে সাহায্য নিতে পারেন। আপনি সেই কাজের ভার অন্যকে দিয়ে দিতে পারেন। সাহায্যের জন্য আপনি কাউকে নিযুক্ত করতে পারেন। আপনি যাই করুন না কেন, কাজ সম্পূর্ণ পাবেন এমন আশা রাখবেন না। যতক্ষণ না আপনি নিজের চোখে দেখছেন, ততক্ষণ পর্যন্ত কোনও ভাবেই নিশ্চিত হবেন না।

যদি সময়ের মধ্যে কাজ সম্পূর্ণ না হয়, তাহলে যাকে আপনি সেই কাজের দায়িত্ব দিয়েছিলেন, তাকে বকাবকি করতে পারেন, দরকারে তাকে কাজ থেকে বারও করে দিতে পারেন , কিন্তু কোনও ভাবেই কাজের জন্য যে সময়টা চলে গিয়েছে তা আর ফিরে পাবেন না।

কিছুদিন আগে আমি ইন্টারনেটে একটটা ঘটনার কথা পড়ি, এক ব্যক্তি তার এক কর্মচারীকে একটা গুরুত্বপূর্ণ কাগজ ABC -তে গিয়ে XYZ -এর হাতে দিয়ে আসতে বলে। সেই ব্যক্তি ABC-তে যায়, XYZ-এর খোঁজ করে, কিন্তু তখন সে জানতে পারে XYZ-কোনও এক বিশেষ কাজে বাইরে গিয়েছে। তখন ওই কর্মচারী সেখানকার এক ব্যক্তির হাতে কাগজ গুলি দিয়ে বলে, XYZ আসলে যেন

কাগজটা তার হাতে দিয়ে দেয়। XYZ-যখন অফিস পৌঁছায় তখন সেই ব্যক্তি বাড়ি ফিরে গিয়েছিল। যাতে করে ওই গুরুত্বপূর্ণ কাগজটা XYZ-এর হাতে পৌঁছায়ই না।

কর্মচারী এই বিষয়ে মালিককে কিছু বলে না। আর মালিকও XYZ কাগজটা পেয়েছে কিনা সেই বিষয়ে কিছু জিজ্ঞাসা করেনি। কর্মচারীর মনে হচ্ছিল, ওই কাগজ XYZ-এর হাতে পৌঁছে গিয়েছে। আর মালিক মনে করছিল তার কর্মচারী নিশ্চয়ই সেই কাগজ XYZ-এর হাতে পৌঁছে দিয়েছে।

XYZ ছিল শহরের সবচেয়ে বড় উকিল। আর এই গুরুত্বপূর্ণ কাগজটা ছিল কোনও এক মামলা বিষয়ক গুরুত্বপূর্ণ নথি, যাতে প্রমাণ লুকিয়ে ছিল। পরের দিনই তা কোর্টে পেশ করার কথা ছিল। যেহেতু তার হাতে কাগজটা পৌঁছায়নি, তাই তিনি তা জমা করতে পারেননি, যাতে করে মামলার ফলাফল তার বিপক্ষে যায়।

এই বিবেচনা হীন কাজের জন্য মালিকের অর্থ ও সময় দুই নষ্ট হয়, কিন্তু কর্মচারীর শুধুমাত্র চাকরি যায়। কিছু দিন বাদে ওই কর্মচারী আর এক জায়গায় চাকরি পেয়ে যায়, কিন্তু মালিকের অবস্থা ছিল করুণ।

আমি কখনই বলবো না যে, কাউকে কাজের দায়িত্ব দেবেন না, আর তা সম্ভবও না। কাজের ভার দেওয়ার পর সেই দিকে নজর রাখুন, কাজটা সম্পূর্ণ হল কিনা তা নিজে দেখবেন, এই বিষয়ে কাউকে ভরসা করবেন না।

সময় পরিচালনা সম্পর্কিত কিছু বিষয়

- যখনই কোনও ব্যক্তিকে কোনও কাজের দায়িত্ব দেবেন, তখনই সে কতটা ঠিকঠাক কাজ করেছে, তা নিজে ভালো করে বুঝে নিন। কোনও ভুল থাকলে শীঘ্র সেটা ঠিক করার চেষ্টা করুন। তাতে আপনার সময় বাঁচবে। তাই যতদিন না কাজ শেষ হচ্ছে ততদিন পর্যন্ত নিয়মিত তার অগ্রগতির দিকে নজর রাখুন।
- কাজ যদি অসম্পূর্ণ থাকে, তাহলে তার জন্য আপনি যতই পরিশ্রম করুন না কেন, তার কোনও মূল্য নেই। মূল্য আপনি তখনই পাবেন যখন তা সম্পূর্ণ হবে। তাই কাজ শেষ হয়েছে কিনা সেটা নিজে দেখুন। অনুমানের উপর ভিত্তি করে থাকলে হতাশা ছাড়া আর কিছুই পাবেন না। সেই সাথে নিজের মূল্যবান সময় নষ্ট হবে।

অধ্যায়-৩৯

প্ল্যান-বি আগে থেকেই প্রস্তুত রাখুন

"যারা সময়ের গুরুত্ব না বুঝে তার অপচয় করে, সবার আগে তারাই সময়ের অভাব বোধ করে।"

সেদিন ছিল ধনতেরস, স্বাভাবিক ভাবে শহরের বেশির ভাগ লোকই সেদিন কেনাকাটায় ব্যস্থ ছিল। আমিও খানিকক্ষণ কেনাকাটা করার পর নিজের গাড়ি নিয়ে বাড়ির উদ্দেশ্যে রওনা দিই, কিন্তু খানিকটা পথ যাওয়ার পরেই, গাড়ির লম্বা একটা জাম আমার চোখে পড়ে। ওই রাস্তা দিয়ে যাওয়ার অর্থ ছিল, কমপক্ষে দুই ঘণ্টা সময় নষ্ট করা। আমি তখনই গাড়ি ঘুরিয়ে নিয়ে অন্য রাস্তার দিকে চলে যাই। খানিকটা যাওয়ার পরে সেখানও প্রচণ্ড ভিড় পাই, আমি আবার গাড়ি ঘুরিয়ে নতুন রাস্তা ধরি। আবার জামে পড়তে হয় আমাকে, চতুর্থবারও আমি গাড়ি ঘুরিয়ে নতুন রাস্তা দিয়ে ফেরার চেষ্টা করি ও শেষপর্যন্ত আমি নিজের বাড়িতে পৌঁছাই।

রাতে শোয়ার পর আমার মাথায় একটা কথা আসে, এটা আমার শহর, তাই আমি এখানকার সব রাস্তা চিনি, কিন্তু এই ঘটনা যদি নতুন কোনও শহরে (যে শহর সম্পর্কে আমি বিশেষ কিছু জানিনা) ঘটতো, তাহলে আমি কী করতাম?এখানে তো আমি লোককে জিজ্ঞাসা করেও খানিকটা পথ এগিয়েছি, আমি নিজের বাড়ি পৌঁছাতে পেরেছি। আপনি যদি কোনও রাস্তা চেনেন, তাহলে সেই রাস্তা আপনি যত দ্রুত অতিক্রম করতে পারবেন, যদি আপনাকে তা অন্যকে জিজ্ঞাসা করে

এগাতে হয়, তাহলে তার জন্য আপনাকে অনেক বেশি সময় দিতে হবে। তখন আমার মাথায় একটা কথা আসে। প্রতিটা গুরুত্বপূর্ণ কাজের জন্য প্ল্যান-বি থাকাটা খুবই জরুরি। সহজ ভাষায় বলতে গেলে, যদি আপনার প্ল্যান-এ কোনও কারণে

ব্যর্থ হয়ে যায়, তাহলে আপনি প্ল্যান-বি-এর প্রয়োগ করতে পারেন। সাধারণ পরিস্থিতিতে আপনি প্ল্যান-এ'র অনুসরণ করে চলতে পারেন। কিন্তু যদি প্ল্যান-এ সফল না হয় তাহলে সেক্ষেত্রে প্ল্যান-এ হল আপনার অতিরিক্ত বিকল্প। আগে থেকেই প্ল্যান-বি ভেবে রাখলে আপনার অনেকটা সময় বাঁচে, কারণ যদি প্ল্যান-এ ব্যর্থ হয়ে যায়, তাহলে আপনি প্ল্যান-বি-র সাহায্যে এগিয়ে চলতে পারেন।

উদাহরণ স্বরূপ আমি নিজের ল্যাপটপের উদাহরণ দিতে চাই, আমার ল্যাপটপের জন্য আমি একজন মেকানিককে ঠিক করে রেখেছি, কিন্তু হঠাৎ যদি ল্যাপটপে কোনও সমস্যা দেখা দেয়, আর যদি সে সেই সময় শহরের বাইরে থাকে, তাহলে আমি কী করব? হয় আমাকে তার জন্য অপেক্ষা করতে হবে, আর তা নাহলে আমাকে অন্য কোনও মেকানিকের স্মরণাপন্ন হতে হবে। তখন নতুন মেকানিকের সন্ধান করতে আমার একটু সময় লাগবে, তাতে করে বেশ খানিকটা সময় নষ্ট হবে। আমি যদি আগে থেকেই প্ল্যান-বি তৈরি রাখি, তাহলে সেটা সবদিক দিয়েই শ্রেয়। অর্থাৎ আর একজন মেকানিকের নম্বর নিজের কাছে রেখে দেওয়া। তাতে করে দরকারের সময় তাকে খোঁজার জন্য সময় নষ্ট করতে হবেনা।

জীবনের লক্ষ্য পূরণের জন্য আমরা সফলতার সাথে প্ল্যান-বি'র প্রয়োগ করতে পারি। এতে আমাদের দৈনিক চাহিদা শীঘ্রই সফলতার সাথে পূরণ করতে পারি। আপনি যতটা নিপুণতার সাথে প্ল্যান-বি তৈরি রাখবেন, জীবনের পথে তত শীঘ্র এগিয়ে যেতে পারবেন।

সময় পরিচালনা সম্পর্কিত কিছু বিষয়

❖ ইলেক্ট্রেশিয়ন,প্লাম্বার, ড্রাইভার প্রভৃতি ক্ষেত্রে প্ল্যান-বি তৈরি রাখুন। যাতে প্রয়োজনের সময় তাদের ফোন করে সাহায্য নিতে পারেন।

❖ নিজের কাজের বিষয়েও প্ল্যান-বি তৈরি রাখুন। অর্থাৎ বিকল্প কোনও চাকরি বা ব্যবসা।

❖ ইংরেজিতে একটা প্রবাদ আছে, òòError Prevention is better than error correction” -এর অর্থ হল, ভুল না করার বাধা দিন। ভুল সংশোধনের থেকে অনেক শ্রেয়। আপনি যদি এই সিদ্ধান্ত মেনে চলেন, তাহলে অনেকটা সময় বাঁচাতে পারবেন।

অধ্যায়-৪০

চাওয়া যত স্পষ্ট হবে, সময় তত বাঁচবে

"যে মানুষ 'সময়' ও 'বুদ্ধি' একসাথে পায়, তারা খুবই সৌভাগ্যবান। কারণ বেশির ভাগ ক্ষেত্রে সময় মতো বুদ্ধি সঙ্গ দেয়না। আর যখন বুদ্ধি আসে, তখন সময় হাতের বাইরে চলে যায়।" অজ্ঞাত

আমার এক বন্ধু আছে, ও কাপড়ের ব্যবসা করে। একবার আমি ওর দোকানে বসে ছিলাম, সেই সময় ওর সেল্সম্যান গ্রাহকদের কাপড় দেখাচ্ছিল, আর আমি বসে বসে সেটাই দেখছিলাম। সেল্সম্যানের বয়সটা কম ছিল। কিন্তু মুখে একটা মিষ্টি হাসি ও উৎসাহ নিয়ে সে তার গ্রাহকদের সাথে কথা বলছিল, আর এই বিষয়টা আমার খুব ভালো লাগে। আর তার আর একটা ভালো গুণ আমার চোখে পড়ে। যখনই কোনও গ্রাহক দোকানে ঢুকছিল, তখনই সে তাদের উষ্ণ অভ্যর্থনা জানাচ্ছিল, আর তারপর গ্রাহকদের সামনে কয়েকটা প্রশ্ন রাখছিল। সেই প্রশ্ন গুলি হল

- স্যার, আমি আপনার জন্য কী করতে পারি?
- আপনি কী ধরনের শার্ট পছন্দ করেন হাফ নাকি ফুল?
- কী ধরনের রঙ পছন্দ করেন, হাল্কা নাকি গাঢ়?
- আপনার পছন্দের রঙ কোনটা?

সেল্সম্যান এমন বিভিন্ন প্রশ্ন প্রত্যেক গ্রাহককে করছিল। গ্রাহকের জবাব

পাওয়ার সাথে সাথে সে আরও আত্মবিশ্বাসের সাথে বিভিন্ন জিনিস দেখাচ্ছিল। অধিকাংশ গ্রাহক জিনিস কিনছিলও।

ওই সেল্সম্যানের কাজ দেখে আমার খুব ভালো লাগে, আমি আমার বন্ধুকে তার সম্পর্কে প্রশংসাও করি। আমার বন্ধু বলে, ওই সেল্সম্যানের উৎসাহ সত্যিই প্রশংসার যোগ্য। কিন্তু তার থেকেও প্রশংসার বিষয় হল, গ্রাহকদের প্রশ্ন করা ও তাদের থেকে উত্তর পাওয়ার ক্ষমতা। প্রত্যেক প্রশ্ন গ্রাহকদের দ্বিধা দূর করে দিচ্ছিল। গ্রাহক স্পষ্টই বলে দিচ্ছিল তার কী ধরনের জিনিস পছন্দ। এই কথা জানার পর সেল্সম্যানের আত্মবিশ্বাস কয়েক গুন বৃদ্ধি পাচ্ছিল, আর মাত্র কয়েক জিনিস দেখি য়েই সে জিনিস বিক্রি করতে সক্ষম হয়। যদি সে ওই প্রশ্ন গুলো না করতো, তাহলে গ্রাহকের মনেও একটা দ্বিধা থাকতো, সে একের পর এক জিনিস বার করে দেখ াতে থাকত। গ্রাহকও বুঝতে পারতো না তার ঠিক কী চাই, তাই তার কিছুই পছন্দ হত না, আর সেল্সম্যানের আত্মবিশ্বাস ধীরে ধীরে কমতে শুরু করতো। হয়তো তাতে করে সে গ্রাহককে কিছুই বিক্রি করতে সক্ষম হত না।

বেশি পোশাক বার করার অর্থ অধিক সময় নষ্ট করা। আর পোশাক বার করার পর যদি তা বিক্রি না হয়, তার মানে হল সম্পূর্ণ সময়টাই নষ্ট হওয়া।

ওই ঘটনা থেকে আমি বিরাট শিক্ষা নিয়েছিলাম। আপনার কাছে কোনও বিষয় যদি খুব স্পষ্ট থাকে, তাহলে আপনি খুব কম সময়ের মধ্যেই সেই কাজ করতে পারবেন।

একটা কথা হয়তো আপনিও শুনে থাকবেন, রোগের নির্ধারণ করতে পারলে অর্ধেক অসুখ ঠিক হয়ে যায়। জীবনের প্রতিটা ক্ষেত্রকে স্পষ্ট করে তুলুন, আর নিজের সময় বাঁচান।

সময় পরিচালনা সম্পর্কিত কিছু বিষয়

❖ আপনি ব্যবসায়ি হন বা সাধারণ মানুষ, আপনি জীবনের প্রতিটা ক্ষেত্রে কী চান, সেই বিষয়টা স্পষ্ট থাকা খুবই জরুরি।

❖ আপনি কী চান, সেটা জানার জন্য নিজেকে প্রতি নিয়ত প্রশ্ন করুন।

অধ্যায়-৪১

গুণমানের সাথে আপোস নয়

"আপনি যে সময়ে বসে আফসোস করেন, সেই সময়টাও কিন্তু আপনার হাতের বাইরে চলে যাচ্ছে।"অজ্ঞাত

২০১৫ সালের কথা, ইন্টারনেটে আমি একটা মোবাইলের বিজ্ঞাপন দেখি। ডুয়েল সিম, ক্যামেরা, এমপি-3 প্লেয়ার প্রভৃতি বিভিন্ন ফিচার্স ছিল, আর দাম ছিল মাত্র ৮০০ টাকা। সুবিধা গুলো দেখার পর আমার মনে হয়েছিল, এই সুবিধা অনুসারে দামটা কিছুই না। তাই আমি আর দেরি না করে সঙ্গে সঙ্গে ফোনটার অর্ডার দিয়ে দিই। আমি খুব খুশি হয়েছিলাম। আমার মনে হচ্ছিল, আমি একটা লাভজনক সওদা করতে পেরেছি।

কিছুদিন বাদে ফোন এসেও যায়। আমি তা ব্যবহার করতে শুরু করি। কিন্তু ১০ দিন পর থেকেই ফোন হ্যাঙ্গ হতে শুরু করে। আমি সার্ভিস সেন্টারে নিয়ে যাই। দুই দিন বাদে ফোনটা ঠিক করে তা আমার হাতে দিয়ে দেয় তারা। প্রায় একমাস ঠিকঠাক চলার পর পুনরায় একই সমস্যা দেখা দেয়। আমি আবার সার্ভিস সেন্টারে যাই, তারা আবার আমার কাছ থেকে কয়েকদিন সময় চায়, আর ঠিক করে দিয়েও দেয় ফোনটা। প্রায় এক বছর ধরে এই ঘটনা ঘটতে থাকে, যতদিন না ওয়ারেন্টি শেষ হয়। ওয়ারেন্টি শেষ হওয়ার সাথে সাথে আমার ধৈর্য্যও শেষ হয়ে যায়, আর আমি ফোনটা বাতিলের খাতায় দিয়ে দিই। ওই ৮০০ টাকার সস্তা মোবাইল কিনে

আমি কত টাকা বাঁচাতে পেরেছিলাম তার হিসাব করতে বসে বুঝতে পারি, শুধু যে আমার টাকা খসেছিল তাই না, সেই সাথে বারংবার সার্ভিস সেন্টারে যাওয়া জন্য আমার মূল্যবান সময়ও নষ্ট হয়।

আমার বাড়িতে ওই একই ফিচার্সের একটা বিখ্যাত ও বিশ্বাসযোগ্য কম্পানির মোবাইল আছে। হ্যাঁ তার দাম ওটার থেকে অনেকটা বেশি কিন্তু তিন বছর টানা ব্যবহার করার পরেও অভিযোগ করার কোনও সুযোগ দেয়নি।

মানুষ নিজের ভুল খুব তাড়াতাড়ি ভুলে যায়। ২০১৭ সালে আমি পুনরায় একই ভুল করি। আমি অনলাইনে একটা বিজ্ঞাপন দেখি, আর একটা খুবই সস্তা পেনড্রাইভ কিনে বসি। কিন্তু শেষ পর্যন্ত তার পরিণামও ওই ৮০০ টাকার মোবাইলের মতোই হয়। আমি বারংবার সার্ভিসের জন্য অসুবিধায় পড়ি, আর আমার বহু সময় নষ্ট হয়।

এরপর আমি ঠিক করে নিই, যাই হোক না কেন, আর কোনও দিন গুণমান নিয়ে কোনও রকম বোঝাপড়া করব না। আসলে নিম্নমানের কোনও দ্রব্য কেনা মানে নিজের সময় নষ্ট করা।

সময় পরিচালনা সম্পর্কিত কিছু বিষয়

- একবারই কিনুন, কিন্তু গুণমান যেন ভালো হয়, সেদিকে খেয়াল রাখবেন। এতে একদিকে যেমন মানসিক শান্তি পাবেন, অন্যদিকে বারংবার সার্ভিস সেন্টারে দৌড়াতে হবেনা, তাতে করে আপনার মূল্যবান সময় বাঁচবে।
- সেল্সম্যান কী বলল, বিজ্ঞাপন কী বলছে, তার থেকে অনেক বেশি গুরুত্বপূর্ণ হল আপনার নিজের খোতিয়ে দেখা। প্রোডাক্টের ইতিহাসের দিকে নজর দিন, প্রোডাক্টা সম্পর্কে লোকেদের মতামত জানার জন্য অনলাইনে চেক করুন।

অধ্যায়-৪২

ভুল বোঝাবুঝি শীঘ্র শেষ করুন

"প্রতিটা দিন আমার কাছে সর্বশ্রেষ্ঠ দিন। এটা আমার জীবন, এই মুহূর্তটা আমার কাছে আর কোনও দিন ফিরে আসবেনা।" বর্নি সিগল

আগুন আর পেট্রোল একসাথে রাখা হলে কী হতে পারে, সেটা নিশ্চয়ই আপনাকে বলে দিতে হবেনা। এমনটা আমাদের জীবনেও দেখতে পাবেন, যখন কোনও সম্পর্কের মধ্যে ভুল বোঝাবুঝির সৃষ্টি হয় তখন।

ভুল বোঝাবুঝি বহু কারণে সৃষ্টি হতে পারে। কোনও কারণে একে অপরের প্রতি কোনও ভুল ধারণার সৃষ্টি হতে পারে। অন্যের কথায়, যাকে বলে 'কান ভাঙানো'-তে বিশ্বাস করে, অনেক ভালো সম্পর্কও বিযাক্ত হয়ে যায়। কারণ যাই হোক না কেন, ভুল বোঝাবুঝির জন্য যেকোনও সম্পর্কের ক্ষেত্রেই চির ধরে যেতে পারে। সম্পর্ক দৃঢ় করে তোলার জন্য, আপনাকে অনেকটা সময় দিতে হবে। একটা ছোট্ট ভুল বোঝাবুঝি, খুব ভালো একটা সম্পর্কের ক্ষেত্রেও ইতি টেনে দিতে পারে।,

একটা দৃঢ় সম্পর্কের ক্ষেত্রে যে বিশ্বাস থাকে তার জোরে যেকোনও কাজ খুবই দ্রুততার সাথে হওয়া সম্ভব। ঠিক তেমনি ভুল বোঝাবুঝি যেভাবে সম্পর্কের মধ্যে চির সৃষ্টি করে তাতে করে বিশ্বাস নামক বিষয়টাই শেষ হয়ে যায়। তাই কাজের গতিও ধীরে চলে।

যখনই ভুল বোঝাবুঝি সৃষ্টি হচ্ছে বলে মনে হবে, তখন সামনের ব্যক্তি কী করছে সেই অপেক্ষায় বসে থাকবেন না, বরং নিজের পদক্ষেপ করুন। কী কারণে এই ভুল বোঝাবুঝি তা নিজেও বুঝুন, আর তাকেও বোঝান, ও সব রকম ভুল বোঝাবুঝি শেষ করুন। তাতে করে একদিকে যেমন সময় বাঁচবে, অন্যদিকে তেমন আপনিও মানসিক চাপের হাত থেকে মুক্তি পাবেন, সম্পর্কের ভিত দৃঢ় হয়ে উঠবে।

সময় পরিচালনা সম্পর্কিত কিছু বিষয়

- যাদের সম্পর্ক বিষাক্ত করে দেওয়ার প্রবনতা আছে, তাদের থেকে দূরে থাকুন। তাকে কড়া ভাষায় জানিয়ে দিন, আপনার কাছে তার জন্য এতটুকু সময় নেই।
- যখনই কেউ আপনাকে কানে শোনা কোনও কথা বলতে আসবে, তখন তার কথা শোনার সাথে সাথে জিজ্ঞাসা করুন, আপনি কী ভাবে জানলেন?

অধ্যায়-৪৩

নিয়মিত দেখভাল করলে সময় বাঁচে

"সময় কাউর জন্য অপেক্ষা করেনা"-ফোলক্লোর

২০০৯ সাল, আমি জীবনে প্রথমবার মোটরসাইকেল কিনি। তখন আমার বয়স কম, জীবনের প্রথম গাড়ি, তাই সেই গাড়ির বিশেষ খেয়াল রাখতাম। প্রতিদিন যত্ন করতাম, সময় মতো সার্ভিসিং করাতাম। কোনও সমস্যা দেখা দিলে সঙ্গে সঙ্গে তার সমাধানের ব্যবস্থা করতাম।

২০১৩ সালের কথা, একটা এক্টিভা কিনি। সেটা কেনার পর মোটর সাইকেলের ব্যবহার অনেকটা কমে যায়, ধীরে ধীরে শেষ হয়ে যায় বললেই চলে। ২০১৬-তে পরিবারে দুটি গাড়ির প্রয়োজন দেখা যায়। তখন আমার মনে হয়, আমার মোটর সাইকেলটা তো পড়েই আছে, এমনিতে ওটা অনেক দিন ব্যবহার হয়নি। যখন মোটর সাইকেলটা স্টার্ট দেওয়ার চেষ্টা করি, তখন কিছুতেই তা স্টার্ট হচ্ছিল না। আমি বেশ কয়েক ঘণ্টা ধরে চেষ্টা করি, কিন্তু কিছুতেই সফল হতে পারিনি। তারপর নিরুপায় হয়ে, মেকানিক ডাকতে হয়। সে সব দেখে শুনে বলে, বহুদিন ব্যবহার না হওয়ার কারণে ইঞ্জিন একদম বসে গিয়েছে। আর তা মেরামত করেও কোনও লাভ হবেনা। কারণ তা করতে যা খরচ হবে তার উপর কিছু টাকা দিলে একটা নতুন মোটর সাইকেল এসে যাবে।

সে ছিল আমার পুরোনো মেকানিক। এই ঘটনার পর সে আমাকে বলে, তিন

বছর আগে আমার মোটর সাইকেলটার অবস্থা খুবই ভালো ছিল। আমি যদি নিয়মিত ওটা চালাতাম ও সার্ভিসিং করতাম, তাহলে এর অবস্থা এত খারাপ হতো না, বরং একশো শতাংশ ভালোই থাকতো।

আমার আরও একটা ঘটনার কথা মনে পড়ে। ২০০০ সালে আমার একটা ছোট্ট বাগান ছিল, কিন্তু বাগানটা ছিল খুবই সুন্দর। তাতে সুন্দর-সুন্দর ফুলের গাছ ছিল, সবুজ ঘাসে ভরা ছিল আমার বাগান। আমার মালি প্রতিদিন সেটার পরিচর্যা করতো, সেটার দেখা শোনা করতো, এটাই ছিল সৌন্দর্যের আসল রহস্য। হঠাৎ করে পারিবারিক সমস্যার কারণে আমার মালি প্রায় দুই মাস আসতে পারিনি। এই দুই মাসের মধ্যে ওই সুন্দর বাগান, জঙ্গলে পরিণত হয়। প্রায় সবকটি ফুলের গাছ মরে যায়, চারদিকে জঙ্গলা গাছে ভরে গিয়েছিল। মালি পুনরায় নিজের হাতে যত্ন করে আগাছা পরিষ্কার করে গাছ লাগায়, কিন্তু পুরোনো সৌন্দর্য ফিরে পেতে প্রায় ৮ থেকে ১০ মাস সময় লেগে গিয়েছিল।

এই প্রকৃতির প্রতিটা সৃষ্টির জন্যই এই কথা সমান ভাবে সত্য। নিয়মিত কিছু না কিছু করলে কোনও জিনিসকেই ব্যবস্থিত রাখা যায় না। নিজের চুল বা দাড়ির দিকে তাকিয়ে দেখুন, যদি এক বছর চুল-দাড়ি না কাটেন, তাহলে আপনাকে দেখ তে কেমন লাগবে ভেবে দেখুন তো।

সময় ও অর্থ দুইয়েরই অপচয় যদি বাঁচাতে চান, তাহলে অবশ্যই সমস্ত কিছুর নিয়মিত দেখাশোনা করুন। কারণ কোনও কিছু একবার খারাপ হয়ে গেলে পুরোনো অবস্থায় ফেরাতে অনেকটা সময় লাগে। তাই বাগান হোক বা গাড়ি, আপনি যত্নে রাখলে তবেই তা সুন্দর থাকবে। তাই নিয়মিত দেখাশোনা করাটা খুবই জরুরি।

সময় পরিচালনা সম্পর্কিত কিছু বিষয়

- আপনার যে জিনিসের সার্ভিসিং-এর প্রয়োজন আছে বলে মনে হয়, যেমন ধরুন- গাড়ি, ওয়াটার পিউরিফায়ার ইত্যাদির সার্ভিসিং-এর তারিখ খেয়াল রাখুন। যদি মনে না থাকে, তাহলে অবশ্যই দেখে নিন। সেই তারিখে অবশ্যই সার্ভিসিং করান। এতে করে আপনার জিনিসের আয়ু অনেকটা বৃদ্ধি পাবে।
- যখনই সার্ভিসিং-এর সময় কোনও জিনিস বদল করার প্রয়োজন দেখা দেবে, তখন অবশ্যই ভালো গুণমান যুক্ত জিনিস লাগান। কারণ জিনিসের গুণগত মান যদি ভালো না হয়, তাহলে তা অতি দ্রুত খারাপ হয়ে যাওয়ার সম্ভাবনা থাকে। তাতে করে পুনরায় আপনার সময় ও অর্থ দুয়েরই অপচয় হবে।

অধ্যায়- ৪৪

নজর দিন কোন কাজের জন্য কতটা সময় উপযুক্ত

"সময় হল সেই ঝড়, যার দাপটে সব কিছু হারিয়ে যায়"- উইলিয়াম কার্লোস উইলয়মস

যদি আপনার কোনও সন্তান থাকে, আর সে যদি স্কুল যায়, তাহলে আপনার হিসাবে তার এক ক্লাসে কতটা সময় পড়া উচিত? আপনি নিশ্চয়ই বলবেন এক বছর।

আপনি নিশ্চয়ই চাইবেন না, আপনার সন্তান এক ক্লাসে এক বছরের থেকে বেশি সময় থাকুক, সে প্রতি বছর নতুন ক্লাসে উঠুক, নিশ্চয়ই এমনটাই চাইবেন আপনি। এর বিপরীত ঘটনা আপনাকে চিন্তিত করে তুলবে, আপনি এমন কিছু করার চেষ্টা করবেন, যাতে ভবিষ্যতে এমন ঘটনা না ঘটে।

আপনি কখনও কাউর বিয়ের অনুষ্ঠানে অংশ গ্রহণ করেছেন? আমার মনে হয় আপনি নিশ্চয়ই গিয়েছেন। একটা কথা খেয়াল করে দেখেছেন কী! যারা বিয়ের অনুষ্ঠানে অংশ গ্রহণ করে, তা মাত্র এক ঘণ্টার জন্য করলেও সাজাগোজার পিছনে কিন্তু কয়েক ঘণ্টা সময় নষ্ট করে। কোনও পরিচিতের বিয়ে হোক বা অন্য কাউর তাতে কিছু যায় আসেনা।

প্রতিটা মানুষ ভালো পোশাক পরতে চায়, সবাই চায় তাকে দেখতে সুন্দর লাগুক। আসলে অন্যের মনে একটা পজেটিভ প্রতিচ্ছবি তৈরি করতে চায় তারা। কিন্তু তার জন্য সাজের পিছনে ঘণ্টার পর ঘণ্টা ব্যয় করাটা কী কোনও কাজের কথা?

সম্প্রতি ইন্টারনেটে একটা বিষয় পড়ছিলাম, ফেসবুকের জনক মার্ক জুকেরবার্গ নিজের মূল্যবান সময় বাঁচাতে সর্বদা একই রকমের টি-শার্ট পরেন, তাতে করে তাঁর অনেকটা সময় বাঁচে, আর সেই সময়টা তিনি কোনও মূল্যবান কাজের পিছনে ব্যয় করেন।

শুধু জামা-কাপড় পরাই নয়, আপনি নিজের প্রতিটা ছোটখাট কাজের দিকে লক্ষ্য করে দেখতে পারেন। যেমন ধরুন, ব্রাশ করা, স্নান করা, টিভি দেখা বা বিনোদনের সাথে যুক্ত অন্যকোনও কাজ। এই গুলির পিছনে আপনি প্রতিদিন কতটা সময় ব্যয় করছেন? সেই দিকে নজর দেওয়ার পর, নিজেকে দুটি প্রশ্ন করুন-

১. এই কাজের পিছনে এতটা সময় ব্যয় করা উচিত কি?

২. এই সময়ে কী করলে আমি সময়ের সদ্ব্যবহার করতে সক্ষম হবো?

সময় পরিচালনা সম্পর্কিত কিছু বিষয়

- সপ্তাহে আপনি যে দিনটা ছুটি পাবেন, সেই দিনই ঠিক করে নিন পরবর্তী ছয় দিনে আপনি কবে কী পরবেন। সম্ভব হলে সেই অনুসারে নিজের আলমারিতে তা গুছিয়ে রাখুন।
- যখনই কোনও বিয়ের বাড়ি যাবেন, তখন কতটা কম সময়ে নিজেকে তৈরি করা যায় সেই চেষ্টাই করুন। নিজেকে তৈরি করার পর, হাতে যে মূল্যবান সময় থেকে যায়, তাতে গুরত্বপূর্ণ কিছু কাজ সেরে ফেলুন।

অধ্যায়-৪৫

১ - ২ - ৩

"যে সময় চলে গিয়েছে, তা আপনি আর কোনও দিন ফিরে পাবেন না। আমি শুধুমাত্র ভবিষ্যৎ-কে সুন্দর করে তুলতে পারেন।" ঐশ্লে ওরমন

বর্তমান সময়ে উপর থেকে নিচ পর্যন্ত সমস্ত কাজের মধ্যে ডুবে থাকে মানুষ। তাতে করে অনেক সময় গুরুত্বহীন কাজের মধ্যে গুরুত্বপূর্ণ কাজ গুলি কোথায় যেন হারিয়ে যায়।

কাজের পাহাড় যখন দিনে দিনে বৃদ্ধি পেতে থাকে তখন মানুষ যে শুধু কাজের জন্য উৎসাহ হারায় তাই নয়, বরং অধিকাংশ কাজ ঠিক সময়ে করা হয়ে ওঠেনা। এমন পরিস্থিতি সৃষ্টি হলে, অর্থাৎ মানুষ যখন অনেক বেশি ব্যস্ত হয়ে পড়ে, তখন কোন কাজটা আগে করবে, আর কোনটা পড়ে সেটা বুঝে উঠতে পারেনা। আপনারও যদি এমনি পরিস্থিতি হয়, তাহলে সর্বপ্রথম একটু শান্ত হয়ে বসুন। তারপর যে যে কাজ গুলো করতে হবে তার একটা সূচি কাগজের উপর বানিয়ে ফেলুন (দরকারে কম্পিউটার বা মোবাইলেও আপনি এই সূচি বানাতে পারেন, যেখানে সহজেই আপনি ওই তালিকা দেখতে পাবেন।) তারপর নিজেকে প্রশ্ন করুন, এর মধ্যে কোন কাজটা করলে আমার ভবিষ্যৎ উজ্জ্বল হবে। মনে যে উত্তর আসবে তা নোট করে নিন।

তারপর নিজেকে জিজ্ঞাসা করুন, দ্বিতীয় কোন কাজটা করলে আমার ভবিষ্যৎ উজ্জ্বল হতে পারে, মনে যে উত্তর আসবে তা নোট করে ফেলুন।

পুনরায় নিজেকে জিজ্ঞাসা করুন, তৃতীয়ত কোন কাজটা আপনার ভবিষ্যৎ উজ্জ্বল করে তুলবে? মনের উত্তর লিখে ফেলুন।

এবার নিজের প্রতি কঠোর হন। প্রথম, দ্বিতীয় ও তৃতীয় কাজের প্রতি গুরুত্ব দিন। সূচি অনুসারে কাজ গুলি সেরে ফেলুন, যদি ওই কাজ গুলি করার পর আপানর হাতে সময় বাঁচে, তবেই অন্য কাজে হাত দিন।

সময় পরিচালিত করার জন্য এখানে যে টেকনিকের কথা বলা হল, সেই গুলি খুবই সরল, এর দ্বারা আপনার জীবন সহজ হয়ে উঠবে। এরপর যখনই আপনার সামনে কাজের পাহাড় গড়ে উঠবে তখনই আপনি 123 -টেকনিকের ব্যবহার করুন।

সময় পরিচালনা সম্পর্কিত কিছু বিষয়

- আপনি যদি নিজের পিঠে ১০০ কিলোর বস্তা নিয়ে চলেন, তাহলে আপনি ভালো করে চলতে পারবেন না। ঠিক তেমনি খুই চাপের মধ্যে আপনি কিছুতেই ভালো করে কাজ করতে পারবেন না। জীবনটা সরল করে তুলুন, 123 টেকনিকের ব্যবহার করুন।
- যেকোনও বিষয় সরল করে তুলুন। যে জিনিসের যখন প্রয়োজন, তখনই সেটা বার করুন। দরকার না থাকলে তা নির্দিষ্ট স্থানে রেখে দিন।

খণ্ড - ২

ছাত্রদের জন্য টাইম ম্যানেজমেন্ট

অধ্যায়-৪৬

সঠিক কেরিয়ারের নির্বাচন

"এমন কাজ করুন, যে কাজ করতে আপনার ভালো লাগে, তাহলে আপনাকে জীবনে আর কোনওদিন কাজ করতে হবে না।"

আজকের যুগে বেশিরভাগ ছাত্রদের জীবনে ভারসাম্য নেই, তারা একটা ভারসাম্যহীন জীবন যাপন করছে। আসলে তারা কী নিয়ে পড়বে, কোন কোর্সটা তাদের জন্য ভালো তার নির্ণয় তারা নয়, তাদের হয়ে অন্য কেউ নেয়। তারা কোনও বিষয় শুধুমাত্র এই কারণে পড়ে, কারণ তাদের বাবা-মা চায় তাদের সন্তান ওই বিষয় নিয়ে পড়ুক। আবার অনেক সময় বন্ধুদের কথাতেও তারা সেই বিষয় নিয়ে পড়তে রাজি হয়ে যায়। বেশিরভাগ সময় এই ধরনের ক্ষেত্রে, কিছুদিন বাদে তাদের আর পড়তে ভালো লাগেনা, তখন তাদের আফসোস হয়, তারা ভাবে এরচেয়ে 'অমুক বিষয়' নিয়ে পড়লে ভালো হত। সময় পরিচালনা নিয়ে ছাত্রদের কিছু বলার আগে আমি বলতে চাইব, কেরিয়ার নির্বাচনের ক্ষেত্রে নিম্নলিখিত বিন্দু গুলি মাথায় রাখতে হবে-

- নিজের পছন্দ
- আপনি যদি নিজের পছন্দানুসারে চলেন তাহলে আপনার জীবন ও জীবিকা কী সুন্দর ভাবে চলতে পারবে, যদি 'হ্যাঁ' তাহলে কীভাবে?
- আপনার নির্বাচিত কেরিয়ারের দ্বারা আপনি কীভাবে পৃথিবীর উপকার করতে

পারেন। (আমার মতে, যে কেরিয়ারের দ্বারা আপনি নিজের যোগ্যতার ব্যবহার করে নিজের সাথে সাথে এই পৃথিবী-কেও লাভান্বিত করতে পারেন, সেটাকেই সঠিক কেরিয়ার বলা যেতে পারে।)

- বর্তমানের পরিবর্তে ভবিষ্যৎ সম্পর্কে দূরদৃষ্টি রাখুন। আপনার কেরিয়ার ভবিষ্যতে আপনাকে কতদূর নিয়ে যাবে তা দেখুন। এই বিষয়ে পুস্তক, পত্রিকা ও ইন্টারনেটের মাধ্যমে অধ্যয়ন করুন।
- কোন কাজ করার সময় আপনি সেই কাজের মধ্যে ডুবে যান, কতটা সময় চলে গিয়েছে, তার খেয়াল পর্যন্ত থাকেনা?
- নিজের পছন্দ অনুসারে চললার জন্য কোন কোর্স পড়লে আপনি উন্নতি করতে পারবেন।
- সবচেয়ে গুরুত্বপূর্ণ প্রশ্ন হল, আপনি কেন এই কেরিয়ার গ্রহণ করতে চাইছেন?

যারা নিজেদের কাজকে ভালোবাসে, তাদের কোনওদিন মনেই হয়না যে, তারা কোনও কাজ করছে। আমি নিজের কথাই বলতে পারি, আমি বই পড়তে খুব ভালোবাসি, তাই যখনই কোনও সমস্যায় পড়ি তখন সেই সংক্রান্ত বেশ কিছু বই কিনে নিই, বই গুলি পড়ার পর সমস্যার সমাধান খুঁজে পাই। যেমন ধরুন, যখন আমার ভেতরে আত্মবিশ্বাসের অভাব ছিল, তখন আমি আত্মবিশ্বাস বৃদ্ধির জন্য বিভিন্ন বই কিনি, আর সেই গুলি পড়ার পর আমার ভেতরে আত্মবিশ্বাস বৃদ্ধি পায়। শুধু তাই নয়, কীভাবে সার্বজনিক মঞ্চে কথা বলব, তার উপরেও আমি বেশ কিছু বই পড়েছি, আর আমার জীবন উন্নতির পথে এগিয়ে গিয়েছে। তারপর আমার মনে হয়, পুস্তকের মধ্যে জীবন বদলে দেওয়ার অসাধারণ শক্তি আছে। পুস্তকের সাহায্যে আমার জীবন এতটাই সুন্দর হয়ে উঠেছিল, যে আমি তার কল্পনা পর্যন্ত কোনও দিন করতে পারিনি। তাই যে বিচারের দ্বারা আমার জীবন এতটা সুন্দর হয়ে উঠেছে, তা অন্যদের সাথে ভাগ করে নেওয়ার ইচ্ছাকে আমি প্রতিহত করতে পারিনি, ফলে নিজের স্বপ্ন পূরণ করতে লেগে পড়ি। তাই লেখক হয়ে ওঠার কথা ভাবি, যখন আমি কোনও বই লিখি বা পড়ি, তখন সময় কোথা দিয়ে চলে যায়, আমার খেয়ালই থাকে না। কখন সকাল থেকে রাত হয়ে যায়, বুঝতে পর্যন্ত পারিনা। জার্নালিজিমের কোর্স করে আমি নিজের লেখার নিপুণতা কয়েক গুন বৃদ্ধি করতে পেরেছি। সেই সাথে প্রতি মাসে কয়েক ডজন বই কিনি, আর সেই গুলি পড়ি। যখন আমার বই পড়ে সহস্রাধিক লোক উপকৃত হয়, তখন আমার মনটা আনন্দে ভরে ওঠে।

আমার প্রিয় ছাত্ররা আশা করবো, আপনারও জীবনে এমন একটা পথে চলবেন, যাতে সারা জীবন আপনারা আনন্দে চলতে পারেন ও জীবনের পথে এগিয়ে যেতে পারেন।

ছাত্রদের সময় পরিচালনার সাথে যুক্ত গুরুত্বপূর্ণ কিছু বিষয়

- মনের কথা শুনুন এই জীবন শুধুমাত্র আপনার, এখন হয়তো আপনি নিজের আশেপাশে বহু বন্ধু পাবেন। কিন্তু সময় যত এগাবে, ততই বন্ধু সংখ্যা কমতে শুরু করবে, কারণ প্রত্যেককেই তখন নিজেদের কেরিয়ারের কথা ভেবে সেই অনুসারে এগিয়ে যেতে হবে। তাই নিজের মনের কথা শুনুন, বন্ধুদের পছন্দে নয়, বরং নিজের পছন্দের কেরিয়ার নির্বাচন করুন।
- ঈশ্বরের কাছে সাহায্য চান এই পৃথিবীতে ঈশ্বরের থেকে বড়ো কোনও শক্তি নেই, বেশিরভাগ ছাত্রই ঠিক করতে পারেনা, কোন পথে চলবে। আমি যখন ছাত্র ছিলাম তখন আমার ভেতরেও খুবই দ্বিধা ছিল। তখন আমি ঈশ্বরের কাছে পথ জানতে চেয়েছিলাম। তিনিই আমাকে সাহায্য করেছেন, আপনাদেরও সেই পরামর্শই দেব।

অধ্যায়-৪৭

আত্ম-নির্ভরতা

"এই পৃথিবীতে কাউর উপর অত্যাধিক নির্ভর করবেন না, কারণ অন্ধকারে তো আপনার ছায়াও আপনার সাথে থাকে না।"

-অজ্ঞাত

বহুদিন আগের কথা, এক গ্রামের লোকেরা বাঘের ভয়ে আতঙ্কের মধ্যে দিয়ে দিন কাটাচ্ছিল। গ্রামের প্রতিটা মানুষের মধ্যে ছিল ভয়ের ছায়া, গ্রামের দায়িত্ববান মানুষরা বাঘকে আটকানোর বহু চেষ্টা করে, কিন্তু তারা কিছুতেই সফল হতে পাচ্ছিলনা। গ্রামের লোকেরা এই সমস্যার সমাধান খোঁজার জন্য একটা সভার আয়োজন করে, তাতে গ্রামের সকলকে যোগ দিতে বলা হয়। বিভিন্ন মানুষ বিভিন্ন মতামত জানাচ্ছিল, কিন্তু কোনটাই জোরদার বলে মনে হচ্ছিল না। তখনই এক বয়স্ক ব্যক্তি সভার মধ্যে উঠে দাঁড়িয়ে বলেন, ওই বাঘ ধরার দায়িত্ব আমি নিচ্ছি। সকলেই সেই বয়স্ক ব্যক্তির কাছে জানতে চায়, সে কী করবে, কিন্তু সে বলে, কিছুদিন ধৈর্য্য ধরো, সব জানতে পারবে।

এর ঠিক কয়েক মাস বাদে, ওই বয়স্ক ব্যক্তি বাঘটাকে বন্দী বানিয়ে নিজের সাথে নিয়ে আসে। তা দেখে সকলেই অবাক হয়ে যায়। গ্রামের বুদ্ধিমান যুবকরা যে কাজ করতে পারেনি, একজন বয়স্ক ব্যক্তি সেই কাজ করলো কীভাবে! এই কথা ভেবেই সকলে আরও অবাক হচ্ছিল। বয়স্ক ব্যক্তি বলে, বাঘটার খিদে পাওয়ার আগেই

সে বাঘের খাওয়ার ব্যবস্থা করে দিত, তাতে করে খাদ্যের সন্ধানে সেই বাঘ আর কোথাও যেত না। দিনের পর দিন থেকে মাস কাটতে শুরু করে। খাদ্যের সন্ধানে বাঘকে আর কোথাও যেতে হচ্ছিল না। এইভাবে বাঘের মনে ধীরে ধীরে বিশ্বাস জন্মায় যে, খাদ্যের সন্ধানে তাকে আর কোথাও যেতে হবেনা। খাদ্যের সন্ধানের জন্য বাঘ যে মাংসপেশীর ব্যবহার করতো, ধীরে ধীরে তার ব্যবহার কমতে শুরু করে। তাতে করে তার শরীর ধীরে ধীরে দুর্বল হতে শুরু করে এবং সেই সাথে শরীরের স্ফূর্তিও কমে যায়। তখন সেই বয়স্ক ব্যক্তির মনে হয়, এবার ওই বাঘকে ধরার সুবর্ণ সুযোগ। সে কয়েকজনকে সঙ্গে নিয়ে একটা জাল পেতে রাখে ও সেই বাঘকে সহজেই পাকড়াও করে নেয়।

এই গল্পটা কেন বললাম তা নিশ্চয়ই বুঝতে পারছেন। আপনি যত বেশি অন্যের উপর নির্ভরশীল হয়ে পড়বেন, তত বেশি অসফলতার পথে এগিয়ে যাবেন। যেমনটা আপনি এই গল্পে দেখতে পাচ্ছেন, বাঘের মতো শক্তিশালী পশুও আত্ম নির্ভরতা হারানোর সাথে সাথে দুর্বল হতে শুরু করে। যে বিষয়ে আপনি যত বেশি অন্যের উপর নির্ভরশীল হয়ে উঠবেন, সেই বিষয়ে আপনি তত বেশি দুর্বল হতে শুরু করবেন। ব্যায়াম না করলে যেমন আপনার মাংসপেশি দুর্বল হয়ে পড়ে, আর শরীরচর্চা করলে যেমন তা সবল থাকে, এটাও ঠিক তেমনি।

এই গল্প থেকে নিশ্চয়ই বুঝতে পারছেন, আত্ম-নির্ভরতা কতটা জরুরি। অন্যের উপর নির্ভর না করে নিজের উপর নির্ভরশীল হন। ছাত্র জীবনে আত্ম নির্ভরশীল হয়ে উঠতে পারলে শুধু যে আপনার সময় বাঁচবে তাই নয়, সেই সাথে ধীরে ধীরে আপনি সফলতার পথে এগিয়ে যাবেন। ছাত্রদের নিজেদের বই, পেন, খাতা, ব্যাগ, জুতো, মোজা ইত্যাদি গুছিয়ে রাখা উচিত, নিজের দায়িত্ব নিজেই নিন। সেই সাথে গুরুত্বপূর্ণ কাগজ পত্র, মার্কশিট-সার্টিফিকেট নিজের দায়িত্ব গুছিয়ে রাখুন।

আপনি যদি এমন মোড়ে দাঁড়িয়ে থাকেন, যেখান থেকে আপনাকে নিজের কেরিয়ারের পরবর্তী ধাপ সম্পর্কে নির্ণয় নিতে হবে, তাহলে সকলের থেকে মতামত নিতে পারেন। তাদের অভিজ্ঞতা শুনুন, সেখান থেকে নিজের চলার পথ নির্ধারণ করুন। আপনার জন্য কোনটা ভালো ও কোনটা খারাপ, দেখে নিন। কিন্তু শেষ সিদ্ধান্ত নেওয়ার সময় কোনও শুভচিন্তক বা বন্ধুর উপর নির্ভর করবেন না, কারণ আপনার সিদ্ধান্তের উপরেই আপনার ভবিষ্যৎ নির্ভর করছে। নিজের ভবিষ্যৎ উজ্জ্বল করার দায়িত্ব আপনার নিজের।

ছাত্রদের সময় পরিচালনার সাথে যুক্ত গুরুত্বপূর্ণ কিছু বিষয়

- আপনি যখন ছোট-ছোট বিষয়ে আত্মনির্ভর হয়ে উঠবেন, তখন ধীরে ধীরে বড়-বড় বিষয়েও আত্মনির্ভর হতে শুরু করবেন। আমি এমন বহু ছাত্র দেখেছি যারা নিজেদের জিনিস গুছিয়ে রাখার বিষয়েও বাবা-মা বা ভাই-বোনেদের উপর নির্ভর করে। ধরুন কখনও যদি তার বাবা-মা বা ভাই-বোন বাড়িতে না থাকে, তাহলে জিনিস পাওয়ার জন্য তাকে তাদের অপেক্ষা করতে হবে, তাতে করে তার সময় নষ্ট হবে। তবে বেশির ভাগ ক্ষেত্রে যারা এমন ভাবে নিজেদের গড়ে তোলে তারা বড় হয়েও আত্মনির্ভর হয়ে উঠতে পারে না।

- নিজের কেরিয়ার নির্বাচনের দায়িত্ব নিজে নিন। নিজেকে বলুন, আমি নিজে এই কেরিয়ার নির্বাচন করেছি, তা সফল করে তোলার দায়িত্ব আমার। আমি এতে সফল হবই।

- সেল্ফ-স্টাডি (অর্থাৎ নিজে পড়া) অর্থাৎ নিজে পড়ার অভ্যাস করুন।প্রথমে নিজে পড়ুন ও বোঝার চেষ্টা করুন, যদি বুঝতে না পারেন তাহলে তা নোট করে রাখুন ও গুরুজন বা শিক্ষকদের কাছ থেকে জিজ্ঞাসা করুন। এতে আপনার আত্ম বিশ্বাস বৃদ্ধি পাবে, আপনি আত্মনির্ভর হয়ে উঠতে পারবেন। আমি এখানে আমার এক বন্ধুর উদাহরণ দিতে চাই, সে শুধু যে এম.সি.এ করেছিল তাই না বরং আজকের যুগের প্রোগ্রামিং ভাষার সম্পর্কে সে খুবই ওয়াকিবহাল। তার ঝুলিতে আছে বহু সার্টিফিকেট। তার এমন সফলতার পিছনে আছে সেল্ফ-স্টাডি।

অধ্যায়-৪৮

আত্ম-বিশ্বাস

"আপনি সব কিছু পেতে পারেন, কিন্তু একই সঙ্গে সব কিছু পাওয়া যায় না।"- ওপেরা উইনফ্রে

আজকের যুগে কোনও মানুষের মধ্যে যদি আত্মবিশ্বাস না থাকে তাহলে তার বিপর্যস্ত অবস্থাকে একটা হাতির শাবকের সাথে কল্পনা করতে পারেন। জন্মের কিছুক্ষণ বাদেই হাতির শাবককে মাটিতে গভীর গর্ত করে একটা খুঁটি দিয়ে বেঁধে দেওয়া হয়, যে দড়ি দিয়ে বাঁধা হয়, তা খুবই শক্তপোক্ত নেওয়া হয়। সে নিজের সর্ব শক্তি দিয়ে ওই দড়ি ছেঁড়ার চেষ্টা করে, সে চারদিকে ছুটে বেরায়, মুখ থেকে আওয়াজ বার করে, কিন্তু শেষ পর্যন্ত নিরুপায় হয়ে সে নিজের সমস্ত চেষ্টা ছেড়ে দেয়। হতাশ হয়ে বসে পড়ে। সময় যত এগিয়ে যায়, সেই হাতির শাবক ধীরে ধীরে বড় হতে শুরু করে। শুধু যে সে আকারে বড় হয় তাই নয়, তার শক্তিও কয়েক গুন বৃদ্ধি পায়। আপনার কী মনে হয়, হাতির বাচ্চা বড় হয়ে যাওয়ার পরেও তার ভেতরে সেই দড়ি ছেঁড়ার ক্ষমতা থাকে না?

তখন তার সেই দড়ি ছেঁড়ার মতো ক্ষমতা এসে যায়, কিন্তু দুর্ভাগ্যের বিষয় তখন তার ভেতরে আর সেই বিশ্বাস থাকে না। সে মনে করে ওই দড়ি ছেঁড়ার মতো ক্ষমতা তার আজও হয়নি। বিশ্বাসের অভাবের কারণেই সে ওই দড়ি ছিঁড়তে পারেনা, এবং দাসত্ব স্বীকার করে নেয়।

বেশিরভাগ মানুষের পরিস্থিতি এমনই। প্রথমবারের চেষ্টায় যদি সে অসফল হয়ে যায়, তাহলে পরেরবার সে আর চেষ্টাই করতে চায়না। আর নিজেকে এই বলে সান্ত্বনা দেওয়ার চেষ্টা করে যে, আমি একবার চেষ্টা করেছিলাম, কিন্তু অসফল হয়েছি, তাহলে আর চেষ্টা করে কী হবে? এই বিষয়ে সবচেয়ে ভালো প্রেরণা আমরা থমাস এডিসনের কাছ থেকে পেতে পারি। তিনি যখন বাল্বের আবিষ্কার করছিলেন, তখন ১০০০০-এর থেকে বেশিবার অসফল হয়েছিলেন। তখন এক অল্প বয়সী সাংবাদিক তাঁকে জিজ্ঞাসা করেছিলেন, "১০০০০-এর ও বেশি বার অসফল হওয়ার পরেও আপনি বাল্ব তৈরি করতে পারেননি, আপনার কেমন লাগছে?" তখন এডিসন বলেন, "দেখুন মহাশয়! আমি ১০০০০-এর বেশিবার অসফল হইনি, আমি ১০০০০ বার রাস্তার সন্ধান করতে চেয়েছি, কিন্তু সেই রাস্তায় গিয়ে বাল্ব তৈরি করা সম্ভব হয়নি। প্রত্যেকবারের অসফলতা আমাকে লক্ষ্যের আরও কাছে নিয়ে গিয়েছে।" মহান এডিসনের কাছ থেকে আমরা এটা শিখতে পারি যে, যেকোনও ব্যক্তির জীবন দৃষ্টিভঙ্গি খুবই গুরুত্বপূর্ণ ভূমিকা পালন করে। আমরা যদি এমনি দৃষ্টিকোণ নিয়ে চলতে পারি, তাহলে আমাদের সফলতার পথে কেউ বা কিছুই বাধা হয়ে উঠতে পারবে না। তাহলে আজ থেকেই নিজের মনে ঠিক করে নিন, আপনি অবশ্যই জয়ী হবেন, আর সফল হওয়া আপনার জন্ম সিদ্ধ অধিকারের মধ্যে পড়ে। এখানে উদাহরণের জন্য একটা প্রশ্ন নেওয়া যেতে পারে, "একটা ছোট বাচ্চা কবে হাঁটতে শুরু করবে?" এই প্রশ্নের উত্তর একেবারেই সেই বাচ্চার আত্মবিশ্বাসের উপর নির্ভর করছে। সেই রকম বড় হওয়ার পর কোনও ব্যক্তির সফলতা নির্ভর করে তার আত্মবিশ্বাস ও আত্মনির্ভরশীলতার উপর। "ওই ব্যক্তি কি নিজের সফলতার বিষয়ে নিশ্চিত?" লোকেরা আপনাকে বিশ্বাস করে কি করেনা, সেটা কোনও সমস্যার বিষয় নয়। আসল সমস্যা হল, আপনি নিজেকে বিশ্বাস করেন না। আপনি যদি নিজেই নিজের সঙ্গে না থাকেন, তাহলে অন্য কেউ আপনার সঙ্গে থাকবে, এমন আশা করেন কীভাবে? আমার মতে শিক্ষার অর্থ হল, 'শেখা', সংকোচ করে কখনও মনে কোনও রকম দ্বিধার জন্ম দেবেন না। অনেক সময় কোনও ছাত্র একটা কোনও বিষয় বুঝতে পারে না, সংকোচ বশত সে তার শিক্ষকের কাছ থেকে জিজ্ঞাসা করেনা, তাতে করে বিষয়টা বোঝা হয় না, আর সে বারংবার বিষয়টা পড়ার পরেও অসফল থেকে যায়। সবচেয়ে গুরুত্বপূর্ণ বিষয় হল, তার অনেকটা সময় নষ্ট হয়। পরীক্ষার সময়তেও অনেক ক্ষেত্রে ছাত্রদের মনে দ্বিধার সৃষ্টি হয়, তাদের উত্তর ঠিক হচ্ছে কিনা সেই নিয়ে। এতে করে অনেক সময় লেখার আগে ভেবে বেশ খানিকটা সময় নষ্ট করে কিংবা লেখা শুরু করার পর তা

কেটে পুনরায় লেখা শুরু করে। এখানে আমি আত্মবিশ্বাস লাভের দুটি সরল পথ আপনাকে বলতে চাইছি -

- **প্রস্তুতি**- সবার প্রথমে আসছে প্রস্তুতির কথা, অর্থাৎ আপনি পরীক্ষা দেওয়ার জন্য কীভাবে প্রস্তুতি নিয়েছেন। আপনি নিশ্চয়ই দেখে থাকবেন যে, যখন আপনি কোনও বিষয় ঠিক মতো না পড়েই পরীক্ষা দিতে চলে যান, তখন আপনার মনে শঙ্কা থেকে যায়। এই শঙ্কা থেকে ভয়ের জন্ম হয়, আর এই ভয় আপনার আত্ম-বিশ্বাস নষ্ট করে দেয়। অন্যদিকে আপনি যদি সম্পূর্ণ ভাবে প্রস্তুত থাকেন, তাহলে আপনার আত্ম-বিশ্বাস বেশ খানিকটা বৃদ্ধি পায়, পরীক্ষা দেওয়া আপনার কাছে অনেক সহজ হয়ে ওঠে।
- **মনের কথা**- আর দ্বিতীয় উপায় হল মনের কথা, অর্থাৎ আপনি মনে মনে কী বলেন। অনেক ছাত্র পরীক্ষার আগে নিজেদের মনে বিভিন্ন রকম কথা বলে, "আমার পরীক্ষা ভালো হবে না" বা "এই বিষয়টা খুবই কঠিন, এই পরীক্ষা আমার ভালো হবেনা" বা "এইবার অনেক লোক পরীক্ষায় বসেছে, আর ভ্যাকেন্সি খুবই কম।"

  আপনার কি মনে হয়, এমন ভাবে নিজের সাথে কথা বললে, আপনি কখনও ভালো ফল করতে পারবেন? মাঠে নামার আগেই আপনি নিজেকে হারিয়ে দেন। আমার মতে, আপনি নিজের সাথে কিছু কথা অবশ্যই বলুন। নিজেকে বলুন, "আমি সবদিক দিয়ে প্রস্তুত, আমি অবশ্যই সর্বশ্রেষ্ঠ পরিণাম লাভ করবো" বা "আগে আমার এই বিষয়টা খুব কঠিন বলে মনে হত, কারণ আমি কিছুই বুঝতে পারতাম না। আমি তা বোঝার জন্য যথেষ্ট পরিশ্রম করেছি, আর আশা করি তার খুব ভালো ফল পাবো" বা "পরীক্ষার্থীর সংখ্যা যতই হোক না কেন, আমার প্রতিযোগিতা নিজের সাথে, এই পরীক্ষায় আমি নিজের সর্বোত্তমটা দেওয়ার চেষ্টা করবো আর অবশ্যই সফল হব।"

  মনের কথা বলার সময়, এমনভাবে কথা বলুন, যেন আপনি সফলতা পেয়েই গিয়েছেন। আপনি যদি একরাশ হতাশা নিয়ে মনের কথা বলেন, তাহলে কোনই লাভ হবেনা। আপনি সেই পুরানো পরিণাম লাভ করবেন, আর ভাববেন, আপনার বেশ খানিকটা সময় নষ্ট হল।

ছাত্রদের সময় পরিচালনার সাথে যুক্ত গুরুত্বপূর্ণ কিছু বিষয়

❖ প্রস্তুতি নিন আপনার প্রস্তুতি যত ভালো হবে, আপনার আত্ম-বিশ্বাস ততই বেশি হবে। শীতকালে উষ্ণতা লাভের আশায় আপনি যেমন আগুন জ্বালান,

এই বিষয়টাও অনেকটা তেমনি। কিন্তু আপনি কতটা উষ্ণতা পাবেন তা নির্ভর করছে, আপনি কতটা কয়লা দিয়েছেন তার উপর। আপনি যদি কম কয়লা দেন, তাহলে কম উষ্ণতা পাবেন, যদি কয়লার পরিমাণ বেশি হয় তাহলে বেশি উষ্ণতা লাভ করবেন। ঠিক তেমনি, আপনি যদি বেশি প্রস্তুতি নেন, তাহলে আপনি অধিক সফলতা লাভ করবেন, কম প্রস্তুতি নিলে সফলতাও কম হবে।

❖ নিজের সাথে কথা বলার সময় পজেটিভ মনোভাব রাখা খুবই জরুরি আপনি মনে মনে নিজের সাথে কতটা নেগেটিভ কথা বলেন, তা বোঝার চেষ্টা করুন। তাতে করে আপনি মনের দিক দিয়ে দুর্বল হয়ে যান। আপনি যদি পজেটিভ চিন্তা করেন, তাহলে ভেতর থেকে প্রেরণা লাভ করতে পারবেন।

অধ্যায়-৪৯

আত্ম-অনুশাসন

"কাল আপনি কী করতে চাইছেন তাতে কিছু যায় আসেনা, আপনি আজ কী করছেন, তার উপরেই আপনার ভবিষ্যৎ নির্ভর করছে।"

-অজ্ঞাত

আমার মস্তিষ্ক একটা ছুরির মতো। একটা সাধারণ ছুরিতে সাধারণত দুটি অংশ দেখা যায়, একদিকে থাকে ধারালো অংশ, আর অপরদিকে থাকে হ্যাণ্ডেল। ধারালো অংশ দিয়ে রান্নাঘরে ফল-সব্জি কাটা হয়, আর তাতে করে আমাদের দৈনন্দিন জীবন অনেক বেশি সরল হয়ে ওঠে। ধরুন, আপনি ছুরির হ্যাণ্ডেলের দিকটা না ধরে, তার ধারালো দিকটা ধরে কাজ করতে চাইছেন। তাহলে কী হবে? এর উত্তর খুব সহজ, আপনি ধারালো দিকটা ধরে কাজ করার মতো ভুল কখনই করবেন না। ঠিক তেমনি কোনও নদীর ধারে এই কারণে বাঁধের নির্মাণ করা হয়, যাতে সেখানকার জল নিয়ন্ত্রণে রাখা যেতে পারে। নদীর জল যাতে সেখান থেকে বেরিয়ে শহর ধ্বংস করতে না পারে, সেই দিকেও বিশেষ নজর দেওয়া হয়। যদি ওই বাঁধ না বানানো হত, তাহলে সেই নদী শহরের ধ্বংসের কারণ হয়ে উঠত। আত্ম-অনুশাসনের দ্বারা আমরা ঠিক সেইভাবে নিজেদের মস্তিষ্ক নিয়ন্ত্রিত করতে পারবো। আমাদের মস্তিষ্ক সর্বদা দ্রুত গতিতে এদিক-সেদিক পালানোর চেষ্টা করে। আর আপনি যদি প্রথম থেকেই তা নিয়ন্ত্রণে আনার চেষ্টা না করেন, তাহলে বারংবার ছুরির ধারালো দিকটা ধরার মতো সমস্যায় পড়বেন। আত্ম-অনুশাসন বলতে কী বোঝায়? আমার মতে আত্ম-অনুশাসন মানে নিজেকে

কোনও কাজ করতে বাধ্য করানো (অধিকাংশ সেই ধরনের কাজ, যার সাহায্যে আপনার ভবিষ্যৎ উজ্জ্বল হয়ে উঠতে পারে।) অনেক সময় আপনার হয়তো সেই কাজ করতে ইচ্ছা করবে না। উদাহরণ স্বরূপ, ধরুন আপনার পরীক্ষা এসে গিয়েছে, অন্যদিকে চলছে ক্রিকেট বিশ্বকাপ। ভারত-পাকিস্তানের ম্যাচ, আপনার মনে হবে, ভারত-পাকিস্তানের বিশ্বকাপ ম্যাচ কোনও ভাবেই ছাড়া সম্ভব কী! কিন্তু এই রকম অবস্থায় আপনি টিভি-র সামনে বসবেন নাকি বইয়ের সামনে তা সম্পূর্ণ ভাবে নির্ভর করছে আপনার উপর। আপনি ম্যাচ দেখতেই পারেন, কিন্তু সেক্ষেত্রে ভালো নম্বর পাওয়ার আশা ছেড়ে দিন। অন্যদিকে নিজেকে বলতে পারেন, ‘‘আজ ভারত- পাকিস্তানের ম্যাচে, ভারত কিছুতেই হারতে পারে না। কিন্তু আমি যদি না পড়ি, আমার ফেল করার সম্ভাবনা থেকে যাচ্ছে। তাই আমার পড়তে বসাটা খুবই জরুরি।” আপনি পড়তে বসেন ও সফলতা লাভ করেন। আপনি যদি দীর্ঘকালীন খুশি লাভ করতে চান, তাহলে স্বল্পকালীন খুশি ত্যাগ করতেই হবে। আজকের ছোট-ছোট খুশির বিসর্জন দিতে পারলে, কাল বড় খুশি লাভ করবেন। এক্ষেত্রে আমি আমার স্বর্গীয় ঠাকুরদাদার উদাহরণ দিতে চাইব। আমার ঠাকুরদাদা কয়েকটা ঘড়ি সম্বল করে নিজের ঘড়ির ব্যবসা শুরু করেছিলেন। তখন তাঁর সামনে দুটি বিকল্প ছিল, হয় তাঁর কাছে যেটুকু সঞ্চিত অর্থ আছে তা নিজের পিছনে খরচ করা বা সেই সঞ্চিত অর্থ দিয়ে ব্যবসা শুরু করে, নিজের পরিবারকে একটা উজ্জ্বল ভবিষ্যৎ প্রদান করা। তিনি দ্বিতীয় পথ নির্বাচন করেন, আত্ম-অনুশাসন বজায় রেখে তিনি নিজের খুশির বলিদান দেন, যাতে তাঁর পরিবার দীর্ঘকালীন খুশি লাভ করতে পারে। তাঁর এই আত্মত্যাগের জন্য আজ তাঁর কয়েকটা প্রজন্ম সুখে জীবন অতিবাহিত করতে সক্ষম হচ্ছে। প্রত্যেক ক্ষেত্রে আপনাকে আত্ম-অনুশাসনের পাঠ পড়তে হবে। এবার আসা যাক খাওয়ার কথায়, আপনি যদি শুধুমাত্র নিজের জিভের কথা ভেবে খাবার খান তাহলে প্রতিদিন তেল-মশলাদার খাবার খেতেই পারেন, তাতে করে আপনার হজমশক্তি ধীরে ধীরে নষ্ট হয়ে যাবে এবং আপনি অসুস্থ হয়ে পড়বেন। আপনার সঞ্চিত অর্থ দিয়ে বন্ধুদের সাথে পার্টি করতে যেতে পারেন। নিয়মিত এমনটা চলতে থাকলে ভবিষ্যতে আপনার সঞ্চিত অর্থ বলতে কিছুই থাকবে না। আপনি সাময়িক আনন্দ লাভের জন্য টিভি-র সামনে বসে থাকতে পারেন, সিনেমা দেখে, গান শুনে বা ঘুরে নিজের জীবনের মূল্যবান সময় নষ্ট করতে পারেন। অথচ এই সময়টা আপনি পড়াশোনার পিছনে দিতে পারতেন। যদি দীর্ঘদিন আপনি এইভাবেই সময় নষ্ট করতে থাকেন, তাহলে কোনও একটা সময় দেখবেন, পড়াশোনায় আপনি একেবারে পিছিয়ে পড়েছেন। বহু সফল লোক নিয়ে একটা গবেষণা করা হয়, তাদের সফলতার আসল রহস্য কী? এই প্রশ্নের

উত্তর খুঁজতে গিয়ে দেখা যায়, তাঁদেরও এই কঠিন-কঠিন কাজ গুলো করতে ভালো লাগতো না, তাঁরাও সহজ-সরল কাজ করতে চাইতেন। কিন্তু তাঁরা নিজেদের মনকে জয় করতে সক্ষম হন। তাঁরা সেই কঠিন কাজ গুলো করতে সক্ষম হন, যার দ্বারা সফলতা লাভ করা সম্ভব ছিল। আত্ম-অনুশাসনের জোরে যেকোনও যোগ্যতা কম থাকা ব্যক্তিও অনেক বড় সফলতা লাভ করতে সক্ষম হয়।

আমি জানি, আত্ম-অনুশাসন এত সহজ কাজ নয়। তবে একটা কথা মাথায় রাখুন, আত্ম-অনুশাসনের দ্বারা আপনি যে পরিণাম লাভ করতে পারবেন, আর কোনওভাবে তা লাভ করা সম্ভব না। আত্ম-অনুশাসন বিকশিত করার জন্য আমি এখানে আপনাদের কিছু পরামর্শ দিতে চাই। সবার আগে নিজেকে প্রশ্ন করুন, আমি যদি কোনও কাজ এইভাবে ক্রমাগত করতে থাকি, তাহলে কী পরিণাম পেতে পারি? দ্বিতীয় যে প্রশ্নটা নিজেকে করবেন তাহল, যদি আমি নিজের মনকে নিয়ন্ত্রণ করি, তাহলে কী মনও আমাকে নিয়ন্ত্রিত করবে? আমার কাছে কি আমার মনের রিমোট কন্ট্রোল আছে? বা আমার মনের কাছে কি আমার রিমোট কন্ট্রোল আছে?

ছাত্রদের সময় পরিচালনার সাথে যুক্ত গুরুত্বপূর্ণ কিছু বিষয়

- একটা কথা প্রায় সকলেই শুনেছে বা জানে, যদি প্রতিদিন আপনি একটা করে আপেল খান তাহলে ডাক্তারের কাছে যাওয়ার প্রয়োজন কম পড়বে। অর্থাৎ একমাসের ৩১ দিনে, আপনাকে প্রতিদিন একটা করে আপেল খেতে হবে। তবেই তা সম্ভব। ১ তারিখ থেকে ৩০ তারিখ পর্যন্ত একটাও আপেল খেলেন না, আর ৩১ তম দিনে গিয়ে একসাথে ৩১টা আপেল খেয়ে নিলেন, তাহলে কিন্তু কোনও লাভ পাবেন না। ঠিক তেমনি আপনাকে প্রতিদিন পড়াশোনা করতে হবে, শুধুমাত্র একদিন পড়লে হবে না।

- ছোট কষ্ট আর বড় সমস্যা আপনি ছোট কষ্ট পেতে চান নাকি বড় কষ্ট তা সম্পূর্ণ রূপে আপনার উপর নির্ভর করছে। আপনি যদি পরীক্ষার সময় টিভি-র সামনে বসে নিজের প্রিয় সিরিয়াল দেখার বদলে পড়ার টেবিলে বসে পড়াশোনা করেন, তাহলে আপনার সাময়িক কষ্ট হয় ঠিকই। কিন্তু পরিণাম স্বরূপ আপনি পরীক্ষায় ভালো নম্বর পেতে পারেন। যাতে করে আপনি দীর্ঘকালীন আনন্দ লাভের অধিকারী হতে পারবেন। তাই, ছোট ছোট খুশি ত্যাগ করে বড় খুশির দিকে হাত বাড়ান, তাতেই আপনি সফলতা লাভ করতে সক্ষম হবেন, এতেই আপনি নিজের বুদ্ধির পরিচয় দিতে পারবেন।

- আত্মানুশাসন আপনাকে সেই কাজ করতে যোগ্য করে তোলে, যা আপনার সঠিক সময়ে করা উচিত। তা আপনার করতে ভালো লাগুক বা নাই লাগুক।

অধ্যায়-৫০

জীবনের অর্থই হল ভারসাম্য

"রাগ, অনুতাপ,চিন্তা ইত্যাদি করে নিজের জীবন নষ্ট করবেন না, দুঃখ পাওয়ার জন্য এই জীবন খুবই ছোট" -রপ টি. বেনেট

এই প্রকৃতি আমাদের বিভিন্ন রকম আশীর্বাদে ভরিয়ে রেখেছে। তার মধ্যে অন্যতম হল খাদ্য। সুস্বাস্থ্য লাভের জন্য প্রতিটা মানুষকে সমস্ত রকম খাবার খেতে হবে। কারণ তবেই আপনার শরীরের সমস্ত রকম চাহিদা পূরণ হওয়া সম্ভব, আর আপনি পেতে পারেন সঠিক পুষ্টি। তাই প্রতিদিন আপনার খাদ্য তালিকায় সমস্ত রকম সব্জি, শস্য, ড্রাই ফ্রুট, দুধ ইত্যাদি থাকাটা খুবই জরুরি।

ধরুন, আমি এখন আপনাকে বলছি, আপনি আজ থেকে শুধু আলু খাবেন, আর কোনও খাদ্য খাবেন না। আপনার কি মনে হয়, এটা সম্ভব? না। একেবারেই না।

তাহলে আপনি পড়াশোনা ছাড়া আর কিছুই করবেন না, এটা কীভাবে সম্ভব? সর্বদা একটা গুরুত্বপূর্ণ কথা মনে রাখবেন, শিক্ষা জীবনের একটা গুরুত্বপূর্ণ অংশ, কিন্তু এটা একটা অংশ, সম্পূর্ণ জীবন না। জীবনের প্রকৃত গুরুত্ব ভারসাম্যের মধ্যে নিহিত। প্রতিটা জিনিসের একটা নির্দিষ্ট সময় আছে। পড়ার, খাওয়ার, খেলার বা আনন্দ করার। জীবনের সদ্ব্যবহার আপনি কীভাবে করবেন, প্রকৃত শিক্ষা আপনাকে সেটাই বলে দেয়। ধরে নিলাম আপনি পড়াশোনায় খুব ভালো, কিন্তু আপনার শরীর প্রায় সময়তেই আপনার সঙ্গ দেয়না, আপনি কি শরীর ছাড়া পড়াশোনা করতে পারবেন?

তাই শিক্ষা আপনার জীবনের জন্য যতটা গুরুত্বপূর্ণ, স্বাস্থ্যকেও ঠিক ততটা গুরুত্ব দিন। আপনি যদি সুস্থ না থাকেন, তাহলে মন দিয়ে পড়াশোনা করবেন

কীভাবে? তাতে আপনার সময় নষ্ট হবে। ভারসাম্য বজায় রাখুন, খেলার জন্য লোকেদের সাথে দেখা করার বিষয়ে, নিজের ইচ্ছা পূরণের জন্য। যেকোনও বিষয় যদি আপনি নিজেকে নিয়ন্ত্রণে রেখে করতে পারেন, তাহলে তার মধ্যে খারাপ কিছুই নেই। জীবনে বেঁচে থাকতে গেলে, প্রতিটা উৎসব অনুষ্ঠান উপভোগ করার স্বাধীনতাও আপনার আছে। বিয়ের বাড়ি, ছুটি কাটানো, সিনেমা দেখা, গান শুনুন, খেলুন, কিন্তু সবক্ষেত্রেই সীমা নির্ধারণ করাটা খুবই জরুরি। গবেষণা থেকে জানা গিয়েছে, জীবনে ছোট-ছোট অবকাশের প্রয়োজন আছে, তাতে করে প্রদর্শন গুলির ক্ষেত্রে সংশোধন ঘটে, আপনি আরও ভালো প্রদর্শন করতে সক্ষম হন। অনেক লোকই হয়তো আমার কথার সাথে এক মত নাও হতে পারে। ধরুন আপনি ৩৬৪ দিন কোনও কাজ করলেন না, আর একদিনে সমস্ত কাজ করার চেষ্টা করলেন, তাতে কোনও লাভ হবে কি? কোনও রান্না তখনই ভালো লাগে, যখন তার মধ্যে সমস্ত উপাদান সঠিক পরিমাণে থাকে। রান্নায় যদি তেল বেশি, মশলা কম, নুন বেশি হয় তাহলে তা মোটেই মুখে দেওয়ার যোগ্য থাকে না। ঠিক তেমনি জীবনের ক্ষেত্রে শিক্ষা খুবই গুরুত্বপূর্ণ। কিন্তু সেটাকে সুন্দর করে তোলার জন্য প্রতিটা ক্ষেত্রে ভারসাম্য বজায় রাখাটা খুবই জরুরি।

ছাত্রদের সময় পরিচালনার সাথে যুক্ত গুরুত্বপূর্ণ কিছু বিষয়

- যাই করুন না কেন, আনন্দের সাথে করুন ছাত্র জীবনে সবচেয়ে বড় সমস্যা হল, তাদের দেহ এক জায়গায় থাকে তো তাদের মন থাকে অন্য জায়গায়। যখন তারা স্কুল বা কলেজে থাকে তখন তাদের মন ঘরে বা অন্য কোনও ক্ষেত্রে বিচরণ করে। এর সমাধান হল, এবার থেকে যখন কোথাও যাবেন, তখন সঙ্গে করে নিজের মনটাকেও নিয়ে যান। যখন স্কুল বা কলেজে থাকবেন, তখন নিজের মনটাকেও সেখানেই রাখুন ও আগ্রহের সাথে পড়াশোনা করার চেষ্টা করুন। ঠিক তেমন আপনি যখন কোনও বিয়ের বাড়ি বা পার্টিতে যাবেন, তখন সঙ্গে করে নিজের মনটা নিয়ে যান ও সেখানকার আনন্দ উপভোগ করার চেষ্টা করুন।

- ছুটিতে মজা করুন সারাদিন পরিশ্রম করার পর রাতে বিশ্রাম নেওয়াটা যেমন খুবই জরুরি, ঠিক তেমনি সারা সপ্তাহ বা মাস ধরে পড়ার পর নিজের শরীর ও মনকে বিশ্রাম দেওয়াটা খুবই জরুরি। সকলের জীবনেই পরিবর্তনের প্রয়োজন আছে। ছুটির দিনে বাড়ির বড়দের সাথে দেখা করুন। দাদু-দিদা, ঠাকুরদাদা-ঠাকুমার বাড়ি যান, তাঁদের কাছ থেকে জীবনের পাঠ শিখুন, তাঁদের অভিজ্ঞতা কাজে লাগানোর চেষ্টা করুন। পড়াশোনার বাইরে গান-বাজনা, ছবি আঁকা, নাচা প্রভৃতি ক্ষেত্রে যদি আপনার রুচি থাকে, তাহলে তার বিকাশ করার চেষ্টা করুন।

অধ্যায়-৫১

যত বেশি পরিশ্রম ততবেশি সফলতা

"আপনি কতটা কঠোর পরিশ্রম করছেন, তাতে কিছু যায় আসে না। এই পৃথিবীতে এমন কেউ আছে যে আপনার থেকেও বেশি পরিশ্রম করছে।" -এলোন মস্ক

কচ্ছপ আর খরগোশের গল্প আমরা প্রায় সকলেই জানি। তা সত্ত্বেও আমি এখানে আপনাদের সেই গল্পটা আবার মনে করিয়ে দিতে চাই। কোনও এক সময়ের কথা, এক খরগোশ আর কচ্ছপ একটা দৌড় প্রতিযোগিতায় অংশ নিয়েছিল। খরগোশ দ্রুত গতিতে দৌড়াতে জানে, সে কয়েক লাফে অনেকটা পথ চলে যায়। কচ্ছপের অবস্থান দেখার জন্য সে যখন পিছন ঘুরে দেখে, তখন কোথাও কচ্ছপের চিহ্ন পর্যন্ত খুঁজে পায় না। সে ভাবে একটু বিশ্রাম করে নিলে কেমন হয়, তাই সে একটা গাছের তলায় বিশ্রাম করতে বসে, আর সেখানেই ঘুমিয়ে পড়ে। অন্যদিকে কচ্ছপ নিজের ধীর গতির সাথে ধীরে ধীরে এগিয়ে আসতে থাকে। সে কিন্তু নিজের হাঁটা থামায় না, ধীরে ধীরে পথ অতিক্রম করতে থাকে। যখন খরগোশের ঘুম ভাঙে ততক্ষণে কচ্ছপ প্রতিযোগিতা শেষ করে ফেলেছিল, চারদিকে থেকে তার জয়ধ্বনি শোনা যাচ্ছিল। যদি খরগোশের সাথে কচ্ছপের তুলনা করেন তাহলে বুঝতে পারবেন কচ্ছপ কোনওদিন খরগোশের মতো দ্রুত পায়ে এগাতে পারবে না, কিন্তু পরিশ্রম করার যে ইচ্ছা তার মধ্যে ছিল তাই তাকে জয় পেতে সাহায্য করে।

আমার স্কুলেও এমন অনেক ছাত্র ছিল যাদের সাথে আমি এই গল্পের মিল খুঁজে পাই। তাদের মধ্যে প্রতিভার কোনও অভাব ছিলনা, কিন্তু সেই প্রতিভাকে চকচকে করে তোলার জন্য যে পরিশ্রমের প্রয়োজন ছিল, তারা তা না করার জন্য পিছনেই থেকে যায়। আবার এমন বন্ধুও আমার আছে, যাদের মধ্যে প্রতিভার হয়তো অভাব ছিল, কিন্তু শুধুমাত্র কঠোর পরিশ্রমের জোরে সফলতার উচ্চ শিখরে পৌঁছাতে সক্ষম হয়েছে তারা।

আপনার হাতে যেটুকু উপায় আছে, তার সর্বোত্তম ব্যবহারের চেষ্টা করুন, সেটাতেই আপনার বুদ্ধির পরিচয়। তার দ্বারাই আপনি অধিকতম পরিণাম পেতে পারেন। যারা মূর্খ তারা নিজেদের অসফলতার জন্য বাহানা বানায়। তারা নিজেদের অসফলতার জন্য অন্যদের দায়ি করে। এই ধরনের কাজ যে বা যারা করে, তাদের সময় অপচয় ছাড়া আর কিছুই হয়না।

ছাত্র জীবন থেকেই যেকোনও মানুষের ভবিষ্যতের ভিত গড়ে ওঠে। তাই এখন থেকেই একটা বিষয় মাথায় রাখুন, আপনি যদি জীবনে সফল হতে চান তাহলে ছাত্র জীবনকে কাজে লাগাতে হবে, অর্থাৎ আপনাকে কঠোর পরিশ্রম করতেই হবে। ছাত্র জীবন থেকেই নিজের সফলতার দায়িত্ব নিজের কাঁধে তুলে নিন।

এক মহান ব্যক্তির কাছে তাঁর সফলতার রহস্য জানতে চাওয়া হলে তিনি জানান, "আমার সফলতার রহস্য হল, যত পরিশ্রম করি, ততই সৌভাগ্যবান হয়ে উঠি।"

এডিসন যখন ছোট ছিলেন তখন তাঁর শিক্ষকরা বলেছিলেন তিনি কম বুদ্ধি সম্পন্ন একজন ব্যক্তি। তাঁর মধ্যে কোনও কিছু শেখার বা বোঝার ক্ষমতা নেই। এই জন্য তাঁকে স্কুল থেকেও বার করে দেওয়া হয়েছিল। কিন্তু তাঁরই সৃষ্টি আজও পৃথিবীকে উজ্জ্বল করে রেখেছে, পৃথিবীর ইতিহাসে তাঁর সৃষ্ট বাল্বের মতোই তাঁর নাম আলোকিত হয়ে রয়েছে। আব্রাহাম লিংকন তাঁর জীবনের শুরুতে বারংবার অসফলতা ছাড়া আর কিছুই পাননি, তা সত্ত্বেও তিনি নিজের চেষ্টা চালিয়ে যান, আর ৫২ বছর বয়সে আমেরিকার রাষ্ট্রপতির পদ অলঙ্কৃত করতে সক্ষম হন। আমাদের কাছে এমন সহস্রাধিক উদাহরণ আছে। তার থেকে একটা কথাই প্রমাণ হয়, জীবনে সফলতা লাভের জন্য ভাগ্যের চেয়ে পরিশ্রমের গুরুত্ব অনেক বেশি।

আমি ছাত্রদের শুধু একটাই কথা বলতে চাই, আপনার মধ্যে যদি প্রতিভা থাকে তাহলেও পরিশ্রম করুন, আর নিজের প্রতিভাকে নিখাদ করে তুলুন। যদি আপনার

ভেতরে প্রতিভার অভাব থাকে, তাহলে আর একটু বেশি পরিশ্রম করুন এবং বিজয়ী হন। কারণ আপনি যে কাজ করেন তার উপর আপনার নিয়ন্ত্রণ থাকে, পরিণাম আপনার নিয়ন্ত্রণের বাইরে।

ছাত্রদের সময় পরিচালনার সাথে যুক্ত গুরুত্বপূর্ণ কিছু বিষয়

- এমন কোনও বিষয় হয়তো আপনাকে পড়তে হচ্ছে, যা পড়তে আপনার ভালো লাগে না, আবার সেই বিষয়ে আপনি দুর্বলও, সেক্ষেত্রে খরগোশ-কচ্ছপের কথা মনে করুন। কচ্ছপের মধ্যে প্রতিভার যথেষ্ট অভাব ছিল, শুধুমাত্র পরিশ্রমের জোরে সে জয় লাভ করে, আপনি ঠিক কচ্ছপের মতোই জয়ী হয়ে ওঠার চেষ্টা করুন।
- ভাগ্য বা কাউকে দোষারোপ করার আগে ভাবুন, আপনি কী করতে পারেন। আর আপনার পক্ষে যা যা করা সম্ভব, সেই গুলি করুন, ও এগিয়ে যান।

অধ্যায়-৫২

আপনার ফোকাস কোন দিকে

"নিজের অসফলতার সম্ভাবনার দিকে নজর দেওয়ার পরিবর্তে নিজের সফলতার সম্ভাবনার দিকে নজর দিন।" — নেপোলিয়ান হিলস

ছোটবেলায় আপনিও নিশ্চয়ই আতস কাঁচের ভেতর দিয়ে সূর্য রশ্মি একত্রিত করে কাগজ জ্বালিয়েছেন, যদি এখনও 'ফোকাস'-এর এই কাজটা না করে থাকেন, তাহলে আজই করে ফেলুন। আজকের সমাজে যেদিকে তাকাবেন বেশির ভাগ ক্ষেত্রেই নেগেটিভিটিই চোখে পড়বে। এক্ষেত্রে আমাদের বেশিরভাগ বিচারই নেগেটিভ হয়ে ওঠাই স্বাভাবিক। কিন্তু যদি আপনি সফল হতে চান, তাহলে যেকোনও মূল্যে নিজের দৃষ্টিভঙ্গিকে সফল রাখাটা খুবই জরুরি।

শুধুমাত্র ছাত্ররাই নয়, অধিকাংশ সাধারণ মানুষও জীবনে কতটা খারাপ হতে পারে তার একটা কল্পনা করে নেয়, কীভাবে এই খারাপ পরিণাম থেকে নিজেকে বাঁচানো যায়, সেটা ভাবার পরিবর্তে আপনার সাথে কতটা ভালো হতে পারে সেটা ভাবুন, আর কোনও কাজ আপনি কতটা ভালো ভাবে করতে পারেন, সেটা চিন্তা করুন।

অধ্যায়ের শুরুতে আতস কাঁচ দিয়ে কাগজ পোড়ানোর উদাহরণ দেওয়ার পিছনেও একটা কারণ আছে, আপনি যদি সূর্য রশ্মিকে ফোকাস করতে পারেন, তাহলে তার উত্তপ্ত করার ক্ষমতা কয়েক গুন বৃদ্ধি পায়, যার সাহায্যে কাগজ পর্যন্ত

পোড়ানো যেতে পারে। ঠিক তেমনি আপনি জীবনে যে জিনিসের উপর ফোকাস করবেন, যেক্ষেত্রে আপনি অধিক শক্তির প্রয়োগ করেন, সেটাই অগ্রগতির পথে এগিয়ে যায়। আপনি যদি শুধুমাত্র খারাপ বিষয়ের দিকে ফোকাস করেন, যদি সর্বদা কতটা খারাপ হতে পারে তার কল্পনা করেন, তাহলে আপনার অসফলতা নিশ্চিত। অন্যদিকে কোনও কাজকে আরও কতটা ভালো করে করা যায়, যদি সেদিকে নিজের নজর ও শক্তির প্রয়োগ করেন, তাহলে সফলতার সম্ভাবনা কয়েক গুন বৃদ্ধি পায়, যে সফলতা ছিল অধরা মাধুরী তাই নিজের থেকে আপনার কাছে এসে ধরা দেয়। তাই সর্বদা নিজের দৃষ্টিভঙ্গিকে পজেটিভ রাখাটা খুবই জরুরি।

আমি 'গীতা'-য় লেখা একটা বাক্য মন থেকে বিশ্বাস করি, ''কর্ম করুন, ফলের আশা করবেন না।" আমার মনে হয় এই বাক্যের অর্থটা আপনাদের কাছে একটু স্পষ্ট করে তোলা দরকার। এখানে 'কর্ম' বলতে আমাদের সার্থক চেষ্টার কথা বলা হয়েছে। 'ফলের আশা' বলতে কতটা খারাপ হতে পারে তা ভেবে নিজের শক্তির অপচয় না করে, ভাবুন যে, 'আমি নিজের সর্বোত্তম ও সার্থক চেষ্টা করেছি। শুধুমাত্র কাজ করা আমার হাতে আছে, তা আমি করেছি, বাকিটা ঈশ্বরের পায়ে সমর্পণ করলাম। ঈশ্বরের প্রতি আমার সম্পূর্ণ আস্থা আছে, তিনি নিশ্চয়ই আমাকে সাহায্য করবেন।" তাই ছাত্রদের আমি একটাই পরামর্শ দিতে চাই, কত ভালো ভাবে, সার্থক ভঙ্গিতে নিজের পড়াশোনা চালিয়ে যাওয়া যায়, নিজের সম্পূর্ণ নজর শুধুমাত্র সেই দিকে দিন।

ছাত্রদের সময় পরিচালনার সাথে যুক্ত গুরুত্বপূর্ণ কিছু বিষয়

- আপনি কখনও আতস কাঁচের ভেতর দিয়ে সূর্য রশ্মি একত্রিত করে কাগজ জ্বালিয়েছেন? আপনার উত্তর যদি 'হ্যাঁ' হয় তাহলে ভেবে দেখুন, কীভাবে সেই কাগজ জ্বলেছিল। সর্বদা যদি কতটা খারাপ হতে পারে, সেই নিয়ে ভাবতে থাকেন, তাহলে আপনার জীবনও এমনই ভাবে জ্বলতে থাকবে।এখনও যদি আতস কাঁচ দিয়ে ওই পরীক্ষা করে না থাকেন, তাহলে যত শীঘ্র সম্ভব তা করে ফেলুন।
- জীবনে কতটা খারাপ হতে পারে সেই দিকে ফোকাস না করে, আপনি কোনও কাজ কতটা ভালো ভাবে করতে পারেন, তার জন্য আপনার জীবনে কতটা ভালো হতে পারে সেদিকে নজর দেওয়ার অভ্যাস গড়ে তুলুন।

অধ্যায়-৫৩

পড়াশোনার বিষয়টা সহজ করে তুলুন

"সময় প্রধান বিষয় নয়, এটাই একমাত্র বিষয়।"- মাইল্স ডেভিস

এই বইয়ের এক অধ্যায়ে আমি আগেই বলেছি যে, অষ্টম শ্রেণী পর্যন্ত আমার কম্পিউটার পড়তে একদম ভালো লাগত না, বইটা দেখলেই গায়ে জ্বর আসত, আসলে আমি কম্পিউটারের মাথা মুণ্ডু বুঝতে পারতাম, না, যার ফলে আমার পড়তে বিরক্ত লাগত, আমার কাছে কঠিন বলে মনে হত। আপনার কাছে যদি কোনও বিষয় কঠিন বলে মনে হয়, তাহলে আপনি স্বাভাবিক ভাবেই তার থেকে দূরে থাকার চেষ্টা করবেন। এমন বহু বিষয় আছে, যে বিষয় গুলি নিয়ে আমি আলোচনা করতে চাই, কিন্তু একটা বইয়েরর মধ্যে সমস্ত বিষয় নিয়ে আলোচনা করা সম্ভব না। তাই এখানে এমন তিনটি বিষয় নিয়ে আলোচনা করতে চাই, যা আমার কাছে সহজ হয়ে যাওয়ার কারণে আমি জীবনে দ্রুত গতিতে সফলতার দিকে এগাতে সক্ষম হয়েছি।

- ২০০৪ সালের ডিসেম্বর মাসের কথা, আমাদের গোরখপুর শহরে মেমোরির ভারতীয় রেকর্ডস হোল্ডার এসেছিলেন, সহজ করে বলতে গেলে বলতে হয়, সেই সময় তিনি ছিলেন স্মরণশক্তির মালিক, কত বড় বড় সংখ্যা জলের মতো বলে যাচ্ছিলেন, শতাধিক লোকের কাছে তাদের নাম জানতে চাইছিলেন, খানিকক্ষণ বাদে পুনরায় সবকটা সঠিক নাম বলছিলেন। তাঁর

এই অবাক করা কাণ্ড দেখে আমরা হতভম্ব হয়ে যাই। অনুষ্ঠান শেষ হওয়ার আগে তিনি বলেছিলেন, আমরা ইচ্ছা করলে তাঁর মতো স্মরণশক্তির মালিক হয়ে উঠতে পারি। তার জন্য তিনি তিনদিনের একটা সেমিনার আয়োজন করেছিলেন, কোন-কোন টেকনিকের দ্বারা স্মরণশক্তি বৃদ্ধি করা যায় সেটাই ছিল ওই সেমিনারের মুখ্য বিষয়। ওই তিনদিনের সেমিনারের ফিস ছিল তিন হাজার টাকা। আমি আমার বাবাকে বিষয়টা জানাই, তিনি আমাকে ওই সেমিনারে যোগ দিতে বলেন, তিনি বলেন হয়তো জরুরি কোনও বিষয় শেখা যেতে পারে। আর তাঁর কথাই সত্য বলে প্রমাণ হয়। ওই সেমিনারে আমি এমন কিছু টেকনিক শিখি, যার সাহায্যে আমি যেকোনও বিষয় অতি শীঘ্র ও সহজেই মনে করতে পারতাম। সেই সাথে আমার মনে একটা বিশ্বাসও জন্ম নেয়, আমার মস্তিষ্কেরও দ্রুতগতিতে স্মরণ করার ক্ষমতা আছে। তার জন্য আমাকে শুধুমাত্র এই টেকনিকের প্রয়োগ করতে হবে। আপনিও যদি সেই টেকনিক জানতে চান, তাহলে ইন্টারনেটে খুঁজে দেখতে পারেন বা কোনও ভালো বইয়ের দোকানে গিয়ে দেখতে পারেন। ওই মেমোরি টেকনিকের বই গুলি কিনে ফেলুন, তাতে করে কোনও কিছু অতি সহজে মনে করতে পারবেন এবং মনে করার সময় আপানর খুব মজাও হবে।

- ২০১০ সালে পড়াশোনার সুবিধার জন্য আমি একটা ল্যাপটপ কিনি। সেই সময়তেও আমি বহু বই কিনতাম ও পড়তাম। যে লেখকদের বই গুলি আমি পড়তাম, তাঁদের কিছু অত্যাধুনিক কোর্স ইন্টারনেটে ভিডিয়ো ফরম্যাটেও পাওয়া যাচ্ছিল। তাঁদের বই গুলি পড়ে আমি বহু জ্ঞান লাভ করতে সক্ষম হয়েছিলাম, কিন্তু ওই কোর্স গুলির মাধ্যমে যেকোনও বিষয় আরও সহজ ও স্পষ্ট হয়ে উঠছিল। আপনি এখন যে ক্লাসে পড়ুন না কেন, ইন্টারনেটে বিনা মূল্যে বহু ভিডিয়ো দেখার সুযোগ আপনার আছে। বিনামূল্যে বহু কোর্সের সাথে যুক্ত হয়ে আপনি লাভবান হতে পারেন।
- সফলতা প্রাপ্তি ও আত্ম-সংশোধনের উপর আমার তৈরি ভিডিয়ো গুলি আমি নিয়মিত রূপে আপলোড করতে থাকি। পাঠকদের সুবিধার কথা ভেবেই আমি এই কাজ গুলি করে থাকি। আপনি আমার রাজলনীতি চ্যানেলে বিনামূল্যে ওই ভিডিয়ো গুলি দেখতে পারেন। চ্যানেলের লিংক হল—
www.youtube.com/rajalneeti।
- ২০১২ সালের কথা, তখন আমার হাতে আমার প্রথম স্মার্ট ফোন। সেটাতে ভয়েজ রেকর্ড করার সুবিধা ছিল। এলএলবি পড়ার সময় এই ভয়েজ রেকর্ডার

আমার খুব কাজে লাগে। আমি সেমিস্টারের সমস্ত গুরুত্বপূর্ণ বিষয় গুলি নিজের ভয়েজ রেকর্ডে রেকর্ডিং করে রেখেছিলাম। যখনই সময় পেতাম, কানে ইয়ার-ফোন লাগিয়ে বারংবার সেই বিষয় গুলি শুনতাম। তার জন্য আমাকে শুধুমাত্র একবার পরিশ্রম করতে হয়েছিল। আপনিও একটা স্মার্ট ফোন কিনতে পারেন, তাতে যেন ভয়েজ রেকর্ডারের সুবিধা থাকে সেটা দেখে নেবেন। তার সাহায্যে আপনি মাত্র একবার পরিশ্রম করে, বারংবার তার থেকে লাভবান হতে পারেন।

এই তিনটি পথের সাহায্যে আমার পড়াশোনার বিষয়টা অনেক সহজ হয়ে উঠেছিল। তাতে করে আমি অল্প সময়ের মধ্যে অনেক বেশি জ্ঞান সঞ্চয়ের সুবিধা লাভ করি। আপনিও যখন নিজের পড়াশোনার বিষয়টা সহজ করে তুলতে পারবেন, তখন আপনিও শিক্ষার জগতে দ্রুতগতিতে এগিয়ে যেতে সক্ষম হবেন।

ছাত্রদের সময় পরিচালনার সাথে যুক্ত গুরুত্বপূর্ণ কিছু বিষয়

- আপনি নিজের পড়াশোনার প্রক্রিয়াকে কীভাবে সরল করে তুলতে পারেন? কমপক্ষে এমন পাঁচটা উপায়ের সন্ধান করুন, যার দ্বারা আপনি নিজের পড়াশোনার বিষয়টা সহজ করে তুলতে পারেন। তারপর সেদিকে নিজের দৃষ্টি নিক্ষেপ করুন।

- মনে রাখবেন, শুরুতে সব কিছুই কঠিন বলে মনে হয়। কিন্তু আপনি যদি বারংবার অভ্যাস করতে থাকেন, তাহলে তা সহজ হয়ে ওঠে। তাই কোনও বিষয়ে ভয় পাবেন না। বরং সবার আগে সেটা বোঝার চেষ্টা করুন, তারপর যতটা সম্ভব জ্ঞান সঞ্চয়ের চেষ্টা করুন।

অধ্যায়-৫৪

পরীক্ষার দিন

"অগ্রগতি ধীরে হোক ভয় পাবেন না, বরং থেমে থাকাকে ভয় পান।"

-অজ্ঞাত

বেশিরভাগ ছাত্ররাই পরীক্ষার দিন খুবই চাপের মধ্যে থাকে। গবেষণা থেকে জানা গিয়েছে, মস্তিষ্ক শান্ত থাকলে যত ভালো কাজ করতে পারে, চাপের মধ্যে থাকলে তত ভালো কাজ করতে পারে না। কথাটার অর্থ খুবই সরল। কী করলে পরীক্ষার সময় আপনার মস্তিষ্ক শান্ত থাকবে, তা ভেবে দেখেছেন কি? আসুন, সবার আগে আমি আমার কলেজ জীবনের কথা বলি, আমি যখন কলেজে পড়তাম সেই সময় আমি কী করতাম-

পরীক্ষার আগের দিন রাতে ঘুমের সাথে কোনও ভাবেই আপোস করতাম না। পেট ভরে ঘুমিয়ে নিতাম।

- পরীক্ষার আগে বন্ধুদের সাথে দেখা-সাক্ষাতের বিষয়টা একটু কমিয়ে দিতাম। কারণ পরীক্ষার আগে কে কতটা তৈরি, কোন টপিক গুরুত্বপূর্ণ, কোনটা আসতে পারে, কোনটা না সেই সব বিষয় নিয়ে আলোচনার সম্ভাবনা বেশি থাকে। তাতে করে আমার মনে সংশয়ের সৃষ্টি হত, তাই আমি বন্ধু সঙ্গ এরিয়ে চলার চেষ্টা করতাম।
- পরীক্ষার সময় আমি ব্যাগে কোনও বই-খাতা নিয়ে যেতাম না। কারণ পরীক্ষার আগে বই-খাতা খুলে বসলে মনের দ্বিধা কয়েকগুন বৃদ্ধি পেত।

- বাড়ি থেকে যখন পরীক্ষা দিতে বেরাতাম, তখন সারা রাস্তা 'হনুমান চাল্লিসা' আর 'ওনার আরতি' শুনতে শুনতে যেতাম। পরীক্ষা দিতে যাওয়ার আগে অবশ্যই ঈশ্বরের সাহায্য চেয়ে নিতাম।
- পরীক্ষা শেষ হয়ে যাওয়ার পর বন্ধুদের সাথে একটু হেসে কথা বলতাম, কিন্তু পরীক্ষা কেমন হয়েছে তা নিয়ে বেশি আলোচনা করতাম না।
- পরীক্ষা শেষ হয়ে যাওয়ার পর সোজা বাড়ি আসতাম, প্রশ্নপত্র নিজের কাছে যত্ন করে রেখে দিতাম। পরের দিন পরীক্ষা থাকলেও একটু বিশ্রাম করে নিতাম। তাতে করে মস্তিষ্ক শান্ত হত, মাথাটা রিচার্জ হয়ে গেলে, পরের পরীক্ষার জন্য প্রস্তুতি নেওয়াটা খুবই সহজ হয়ে উঠত।
- পরীক্ষার দিন খুব বেশি পড়তাম না। শুধুমাত্র গুরুত্বপূর্ণ বিষয় গুলির উপর চোখ বোলাতাম, অর্থাৎ নোটস গুলি ভালো করে দেখতাম। কোনও নতুন বিষয়ে তো হাতই দিতাম না।
- পরীক্ষার দিন খুব হাল্কা খাবার খেতাম।

এই গেল আমার কথা। আমি এই পথে চলাতে অনেকটাই সুবিধা হয়েছিল। এই টেকনিক মেনে চলাতে আমি ৯টা ডিগ্রি লাভ করতে সক্ষম হয়েছি। আজ আমার ঝুলিতে নয়টা সার্টিফিকেট। এই টেকনিক গুলির মধ্যে আপনার যেটা ঠিক বলে মনে হয়, সেটা মেনে চলুন, বাকি গুলি নিয়ে মাথা ঘামানোর প্রয়োজন নেই। তবে আমার বিশ্বাস, আপনিও যদি এই টেকনিক গুলি মেনে চলতে পারেন, তাহলে আমি যেভাবে লাভবান হয়েছি, আপনিও সেইভাবেই লাভবান হবেন এবং সফলতার পথে এগিয়ে যেতে পারবেন।

ছাত্রদের সময় পরিচালনার সাথে যুক্ত গুরুত্বপূর্ণ কিছু বিষয়

❖ পরীক্ষা যাতে ভালো হয়, তার জন্য আপনি কী কী করতে পারেন, তা নিয়ে নিজেও একটু ভেবে দেখুন। পরীক্ষার সময় নিজের মাথাটা শান্ত বা ঠাণ্ডা রাখার চেষ্টা করুন। তাহলে আপনি দ্রুতগতিতে সফলতার পথে এগিয়ে যেতে পারবেন।

❖ পরীক্ষার জন্য খুব ভালো করে প্রস্তুতি নিন, কারণ আপনি যত ভালো প্রস্তুতি নেবেন, আপনার আত্মবিশ্বাস ততটাই বৃদ্ধি পাবে। কিন্তু আপনি যদি আগে থেকে একেবারেই প্রস্তুতি না নেন, তাহলে আপনার আত্মবিশ্বাস বৃদ্ধি পাওয়ার বদলে কমতে শুরু করে, আর আপনি দ্বিধায় পড়ে যান।

KEY POINTS

অধ্যায়-৫৫

কিছু গুরুত্বপূর্ণ কথা

"ব্যস্ত থাকা গুরুত্বপূর্ণ নয়, গুরুত্বপূর্ণ বিষয় হল আপনি কী কাজে ব্যস্ত আছেন।'' -হেনরি ডেভিড থোরো

ছাত্রদের কথা মাথায় রেখে 'টাইম ম্যানেজমেন্টের' এই বিশেষ খণ্ডে আমি বেশ কিছু বিষয় তুলে ধরার চেষ্টা করেছি। আমরা এখন বইয়ের শেষ অধ্যায়ে, এখানে আমি আপনাকে কিছু পরামর্শ দিতে চাই। হয়তো তাতে আপনি লাভবান হতে পারেন-

- ইংরেজিতে একটা প্রবাদ আছে, ''একটা ছবি হাজার শব্দের সমান", পড়ার সময় বিষয়টা বোঝার চেষ্টা করুন, তা কীভাবে কাজ করে তার কল্পনা করুন, কীভাবে হবে, কেমন দেখতে লাগবে, পরীক্ষার সময় যদি সম্ভব হয় ওই বিষয়টা ডায়গ্রাম বানিয়ে বোঝার চেষ্টা করুন।
- একটা বিষয় পরার সময় কোনও একজন লেখকের উপরেই ভরসা করে থাকবেন না, অন্যান্য লেখকদের বই পড়ুন, যাতে আপনি সেই বিষয়ে খুবই শক্তিশালী হয়ে উঠতে পারেন।
- প্রত্যেক ছাত্রকে নিজেকে বুঝতে হবে, কীভাবে পড়লে তার ভালো হবে, সেটা সে নিজেই ঠিক করবে। কিছু ছাত্র আছে যারা আওয়াজ না করে পড়তে পারেনা, আবার অনেকে আছে যারা মনে মনে পড়তে পছন্দ করে। কেউ

আবার লিখে নিলে বিষয়টা আরও ভালো করে বুঝতে পারে। (আমি কোনও বিষয় লিখে নিয়ে পড়লে আমার বুঝতে সুবিধা হত) সেই হিসাবেই নিজের টাইম টেবিল বানান।

- ক্লাসে যা পড়ানো হয়, সেদিনই যদি একটু সময় বার করে রিভাইজ করেন বা পুনরায় পড়ে লিখে নেন, তাহলে সেই বিষয়টা খুব সহজে বুঝে যাবেন। তাতে করে পরীক্ষার আগে সেই বিষয়টা আপনার নতুন বলে মনে হবে না, আপনার স্মরণ করতেও অনেক সুবিধা হবে।
- কোনও একটা টপিকের পিছনে অনেকটা সময় দেওয়ার বদলে সমস্ত বিষয় বা টপিক গুলি প্রথমে একবার ভালো করে পড়ে নিন, তারপর টপিক গুলি বোঝার চেষ্টা করুন।
- পরীক্ষার সময় যাতে নতুন কিছু পড়তে না হয়, সেটা দেখবেন।
- পরীক্ষার সময় হয়তো আপনি খুব ভালো প্রস্তুতি নিয়েছেন, কিন্তু তা সত্ত্বেও পরীক্ষা দিতে বসে প্রশ্নপত্র হাতে পাওয়ার পর আপনি হয়তো কিছুই মনে করতে পারছেন না। তখন নিজের মনেই প্রশ্ন আসে, এমনটা কীভাবে সম্ভব? এই বিষয়ে আপনি খুব ভালো প্রস্তুত ছিলেন, আর পরীক্ষা হয়ে যাওয়ার পর কক্ষ থেকে বেরানোর পরেই আপনার সব মনে পড়ে যায়। এর কারণ হল অত্যাধিক মানসিক চাপ, যা আপনি নিজেই তৈরি করেছেন। চাপ মুক্ত থাকুন, খুশি মনে পরীক্ষা দিন আর সফল হন।
- অন্যের সাথে নয়, নিজের সাথে প্রতিযোগিতা করুন। নিজের সর্বোত্তমটা দেওয়ার চেষ্টা করুন। বাকি সবটা ঈশ্বরের উপর ছেড়ে দিন।
- ভয় পাবেন না, বিষয় গুলি বোঝার চেষ্টা করুন।

ছাত্রদের সময় পরিচালনার সাথে যুক্ত গুরুত্বপূর্ণ কিছু বিষয়

- ❖ শিক্ষা জীবনের অংশ, জীবন নয়। তাই একে কখনই জীবনের বোঝা বলে মনে করবেন না। আর ভয়ও পাবেন না। প্রকৃত শিক্ষা আপনার জীবনকে সুন্দর করে তোলে। তাই শিক্ষার থেকে শিখুন এবং জীবনের পথে এগিয়ে যাওয়ার জন্য তাকে পাথেয় করে তুলুন।
- ❖ যারা চেষ্টা করে তাদের কখনও পরাজয়ের মুখ দেখতে হয়না। অনেক সময় মানুষ প্রথমবারেই সফলতার মুখ দেখতে পায় না (আমিও দেখতে পাইনি, কিন্তু পরে সফল হয়েছি)। তবে চোখ যেন সর্বদা লক্ষ্যের দিকে থাকে, সেটাই সবচেয়ে গুরুত্বপূর্ণ বিষয়। চেষ্টা ছাড়বেন না, আপনি অবশ্যই সফল হবেন।

সারাংশ

আপনি যদি আমাকে জিজ্ঞাসা করেন, সময় পরিচালনা করার কী প্রয়োজন? তখন আমি একটা কথাই বলব, জীবনে ভারসাম্য বজায় রাখার জন্য সময়ের সাথে চলতেই হয়। আমার মতে, সাধারণ মানুষের জীবন ফুটবলের মতো। তার হাতে যে কাজ আসে, সে তাই করতে থাকে। দৈনন্দিন জীবনের বিভিন্ন কাজ নিয়ে সে এতটাই ব্যস্ত হয়ে পড়ে যে, সে নিজের স্বপ্ন গুলি পূরণ করতে পারেনা। ঈশ্বর প্রদেয় প্রতিভার সদ্ব্যবহার না করেই এই পৃথিবী থেকে বিদায় নিতে হয় তাকে। সবচেয়ে দুঃখের বিষয়, সে নিজের পরিবারের লোকেদেরই সময় দিতে পারে না। আমরা যাদের ভালোবাসি, যারা আমাদের কাছে গুরুত্বপূর্ণ তাদের সাথে বেশি সময় কাটানোটা সবচেয়ে জরুরি, অর্থাৎ পরিবারের লোকজনদের সাথে। বর্তমান সময়ে আমরা ধীরে ধীরে পরিবারের থেকে দূরে সরে যাচ্ছি। আমরা স্বামী, স্ত্রী, সন্তান বা পরিবারের লোকেদের সাথে অনেকটা কম সময় অতিবাহিত করি আজকাল। জীবনে ভারসাম্য বজায় রাখতে না পারলে সার্থক জীবন পাওয়াটা স্বপ্নই থেকে যাবে। ভারসাম্য বজায় থাকার অর্থ আর্থিক দিক দিয়ে স্বচ্ছন্দে থাকা নয়, বরং মানসিক, পারিবারিক বা শরীরিক দিক দিয়ে ভারসাম্য বজায় রাখা। আশা করি এই পুস্তকে যে উপায় গুলির কথা বলা হল, তা আপনার জীবনকে সার্থক করে তুলতে সাহায্য করবে।

আপনার উজ্জ্বল ভবিষ্যতের কামনা রইল।

স্বর্গীয় রাধেশ্যাম গুপ্তাজি-র পৌত্র "**রাজল**"

আপনার এই বই পড়ে কেমন লাগল, অবশ্যই জানান। আপনার পরামর্শ ও বিচার আমার কাছে খুবই মূল্যবান। যে মাধ্যম গুলির সাহায্যে আমার সাথে যোগাযোগ স্থাপন করতে পারবেন-

Youtube : www.youtube.com/rajalneeti
Facebook : www.facebook.com/therajal
Twitter : www.twitter.com/therajal
Instagram : www.instagram.com/rajalneeti

संख्या- ओ-6 · 388/सीएम-2/2019

योगी आदित्यनाथ

मुख्य मंत्री
उत्तर प्रदेश

दिनांक : 27 FEB 2019

प्रिय श्री राजल गुप्त जी,

आपकी पुस्तक 'राजलनीति टाइम मैनेजमेंट' के नवीन संस्करण की एक प्रति प्राप्त हुई, धन्यवाद।

यह अत्यन्त सराहनीय है कि पुस्तक को और अधिक उपयोगी बनाने के उद्देश्य से नवीन संस्करण में 40 पृष्ठों की अद्यतन सामग्री का समावेश किया गया है। मुझे आशा है कि समय प्रबन्धन पर लिखी गई यह पुस्तक पाठकों के लिये उपयोगी सिद्ध होगी।

सद्भावनाओं सहित,

आपका,

(योगी आदित्यनाथ)

श्री राजल गुप्त,
वॉच हाउस,
रेती का पुल,
गोरखपुर–273001,
उ0प्र0।

लाल बहादुर शास्त्री भवन, लखनऊ

রাজলনীতি টাইম ম্যানেজমেন্ট পুস্তকটি উন্মোচন করেছিলেন উত্তরপ্রদেশের মাননীয় মুখ্যমন্ত্রী যোগী আদিত্যনাথ, যে কারণে তাঁর প্রতি বিশেষ কৃতজ্ঞ

Media Coverage

सराहा जा रहा राजलनीति का टाइम मैनेजमेंट

राजलनीति –2 : पुस्तक का विमोचन करते मुख्यमंत्री योगी आदित्यनाथ

गोरखपुर : टाइम मैनेजमेंट को लेकर युवा लेखक राजल गुप्ता द्वारा लिखी गई राजलनीतिः 2 पुस्तक लोगों में खूब सराही जा रही है। इस किताब से आमजन को ऐसे सिद्धांतों की जानकारी मिल रही है, जिससे कोई भी व्यक्ति अपने समय का बेहतर प्रबंधन करके कम समय से आगे बढ़ सकता है। इस पुस्तक का लोकार्पण दो दिन पूर्व गोरखनाथ मंदिर में मुख्यमंत्री योगी आदित्यनाथ द्वारा किया गया।

लेखक राजल ने बताया कि इससे पूर्व के संस्करण राजलनीति-1 का लोकार्पण भी पिछले वर्ष योगी आदित्यनाथ द्वारा ही किया गया था। उन्होंने बताया कि राजलनीति-1 के पहले अध्याय 'बच्चे मुश्किल में हों तो मां ही काम आती है' को इंटरनेट पर पांच लाख से ज्यादा लोगों ने पढ़ा और सराहा है।

"दैनिक जागरण"
गोरखपुर
23/10/2017

सीएम ने किया राजल नीति-2 का विमोचन

GORAKHPUR (21 Oct): राजल नीति-2 टाइम मैनेजमेंट पुस्तक का विमोचन सीएम योगी आदित्यनाथ ने गोरखनाथ मंदिर परिसर में किया. उन्होंने इस पुस्तक की सफलता के लिए लेखक राजल को शुभकामनाएं दी. राजल नीति के पूर्व संस्करण का लोकार्पण भी उन्होंने ही किया था. इस पुस्तक के पहले अध्याय 'बच्चे मुश्किल में हों तो मां ही काम आती है' को इंटरनेट पर पांच लाख से ज्यादा लोगों ने पढ़ा और सराहा था. राजल नीति-2 के लेखक राजल ने कहा कि वे खुद भी एक युवा हैं इसलिए आज के युवाओं की अपेक्षाएं, उनकी समस्याओं से भलीभांति परिचित हैं. उन्होंने कहा कि हमारे देश के युवा अपने कीमती समय का इस्तेमाल अपने जीवन के लक्ष्य की प्राप्ति के लिए करें ताकि देश उन्नति की ओर अग्रसर हो. इस अवसर पर कामिनी, राजेश, पूनम, नीतू, साक्षी, विजयलक्ष्मी, नीरज वर्मा, धीरज वर्मा आदि लोग मौजूद रहे.

"दैनिक जागरण I-Next"
गोरखपुर
22/10/2017

सीएम ने राजलनीति 2 का किया विमोचन

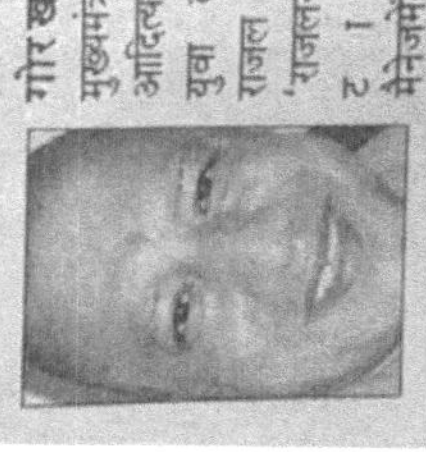

गोरखपुर। मुख्यमंत्री योगी आदित्यनाथ ने युवा लेखक राजल की 'राजलनीति 2 टाइम मैनेजमेंट' का विमोचन किया। गोरखनाथ मंदिर में पुस्तक का विमोचन करते हुए उन्होंने राजल को आशीर्वाद प्रदान करते हुए शुभकामनाएं भी दी।

राजल ने कहा कि शीघ्र ही वे एक नई पुस्तक दी राजलनीति सीरीज टाइम मैनेजमेंट प्रकाशन के लिए तैयार है। उन्होंने कहा कि इस पुस्तकों से कोई भी व्यक्ति अपने समय का बेहतर प्रबंधन कर कम समय में ही स्वयं को आगे बढ़ा सकता है। इस अवसर पर शैवाल श्रीवास्तव, कामनी, राजेश, पूनम, नीतू, साक्षी, विजयलक्ष्मी, नीरज वर्मा, धीरज वर्मा उपस्थित रहे।

"हिंदुस्तान",
गोरखपुर 19/10/2017

Media Coverage

मुख्यमंत्री ने किया राजल नीति-2 का विमोचन

गोरखपुर (एसएनबी)। राजलनीति2 टाइम मैनेजमेंट पुस्तक का विमोचन मुख्यमंत्री योगी आदित्यनाथ ने गोरखनाथ मंदिर प्रांगण में किया। उन्होंने इस पुस्तक की सफलता के लिए लेखक राजल को शुभकामनाएं भी दी। राजलनीति के पूर्व संस्करण का लोकार्पण भी योगी आदियनाथ द्वारा हुआ था। इस पुस्तक के पहले अध्याय 'बच्चे मुश्किल में हो तो माँ ही काम आती है' को इंटरनेट पर पांच लाख से ज्यादा लोगो ने पढ़ा और सराहा था। राजलनीति के दूसरे संस्करण को अपने नाना स्व. पुरुषोत्तम गुप्त व नानी स्व. सुषमा गुप्ता को समर्पित करते हुए राजल ने कहा की आज वो जो भी है अपने दादाजी स्व. राधेश्याम गुप्त की प्रेरणा से हैं। राजलनीति2 ऐसे सिद्धांत बताती है जिन पर चलकर व्यक्ति अपने समय का बेहतर प्रबंधन करके कम समय में ही काफी आगे बढ़ सकता है इस अवसर पर शैवाल श्रीवास्तव, कामिनी, राजेश, पूनम, नीतू, साक्षी, विजयलक्ष्मी, नीरज वर्मा, धीरज वर्मा आदि मौजूद रहे।

"राष्ट्रीय सहारा"
गोरखपुर 19/10/2017

मुख्यमंत्री ने किया राजलनीति -२ का लोकार्पण

गोरपुर, १८ अक्तूबर। राजलनीति २ टाइम मैनेजमेंट पुस्तक का लोकार्पण उत्तर प्रदेश मुख्यमंत्री योगी आदित्यनाथ ने किया साथ ही साथ उन्होंने इस पुस्तक की सफलता के लिए इसके लेखक राजल को आशीर्वाद स्वरूप शुभकामनाएं भी दी। राजलनीति के पूर्व संस्करण का लोकार्पण भी योगी आदित्यनाथ ने १९ अक्टूबर २०१६ को किया था इस पुस्तक के पहले अध्याय बच्चे मुश्किल में हो तो माँ ही काम आती है को इंटरनेट पर पांच लाख से ज्यादा लोगों ने पढ़ा और सराहा था। राजलनीति के दूसरे संस्करण को अपने नाना स्व. पुरुषोत्तम गुप्त व नानी स्व. सुषमा गुप्ता को समर्पित करते हुए कहा कि आज वो जो भी हैं अपने दादा स्व. राधेश्याम गुप्त की प्रेरणा से है। जहां तक इस पुस्तक का विषय है मैं खुद भी एक युवा हूं और इसलिए आज के युवाओं की अपेक्षाएं उनकी समस्याओं से भली भांति परिचित हूं। मैं अपने राजलनीति सीरीज पुस्तकों की

श्रृंखला में अपनी नई पुस्तक दी राजलनीति सीरीज टाइम मैनेजमेंट· प्रकाशित कर रहा हूं। राजीलीनति २ ऐसे सिद्धांत बताती है जिनपर चलकर व्यक्ति अपने समय का बेहतर प्रबंधन करके कम समय में ही काफी आगे बढ़ सकता है इन सिद्धांतों के इस्तेमाल के ही कारण इस पुस्तक के लेखक ने ९ डिग्री सर्टिफिकेट अर्जित किये जिनमें एनएलवी प्रत्रकारिता बी लेवल एमसी पीजीडीबीए (एमबीए) जैसी चार प्रोफेशनल डिग्री भी शामिल है। पुस्तक को भारत सरकार द्वारा कापीराइट भी प्राप्त है। और यह जल्द ही अमेजन जैसे आनलाइन वेबसाइट पर उपलब्ध होगी। इस अवसर पर शैवाल श्रीवास्तव, कामनी, राजेश पूनम, नीतु, साक्षी, विजयलक्ष्मी, नीरज वर्मा आदि उपस्थित थे।

"आज" गोरखपुर,19/10/2017

सीएम ने किया राजलनीति-2 का विमोचन

गोरखपुर। टाइम मैनेजमेंट संबंधित पुस्तक राजलनीति-2 का विमोचन सीएम योगी आदित्यनाथ ने किया। उन्होंने इस पुस्तक की सफलता के लिए लेखक राजल को आशीर्वाद दिया।

राजलनीति के पूर्व संस्करण का विमोचन भी महंत योगी आदियनाथ ने 19 अक्टूबर 2016 को किया था। इस पुस्तक के पहले अध्याय बच्चे मुश्किल में हों तो मां ही काम आती है को इंटरनेट पर पांच लाख से ज्यादा लोगों द्वारा पढ़ा और सराहा गया है। राजल ने इस पुस्तक को अपने नाना स्व. पुरुषोत्तम गुप्त व नानी स्व. सुषमा गुप्ता को समर्पित किया है। कहा कि आज वो जो भी हैं अपने दादा स्व. राधेश्याम गुप्त की प्रेरणा से हैं। जहां तक इस पुस्तक का विषय है मैं खुद भी एक युवा हूं और इसलिए आज के युवाओं की अपेक्षाएं, उनकी समस्याओं से भली भांति परिचित हूं। हमारे देश के युवा अपने कीमती समय का इस्तेमाल अपने जीवन के लक्ष्य की प्राप्ति के लिए करें और हमारा देश उन्नति की ओर अग्रसर हो। इस अवसर पर शैवाल श्रीवास्तव, कामनी, राजेश, पूनम, नीतू, साक्षी, विजयलक्ष्मी, नीरज वर्मा, धीरज वर्मा आदि उपस्थित थे।

"तूफान : शान ए पूर्वाञ्चल",गोरखपुर
22/10/2017

GFR Gorakhpur News
18 Oct at 16:15

पुस्तक को भारत सरकार द्वारा कॉपीराइट भी प्राप्त है। यह पुस्तक अमेज़न जैसी ऑनलाइन वेबसाइट पर भी उपलब्ध होगी।
https://www.facebook.com/GorakhpurLive/
http://gorakhpur.finalreport.in/

सीएम योगी ने किया राजलनीति 2 का लोकार्पण
गोरखपुर: मुख्यमंत्री योगी आदित्यनाथ ने बुद्धवार को राजलनीति 2...
gorakhpur.finalreport.in

गोरखपुर न्यूज़ फ़ाइनल रिपोर्ट

गोरखपुर में मुख्यमंत्री योगी आदित्यनाथ ने किया राजनीति 2 का लोकार्पण
gorakhpurtimes.com

Gorakhpur Times
October 18 at 3:44pm

गोरखपुर में मुख्यमंत्री योगी आदित्यनाथ ने किया राजलनीति 2 का लोकार्पण

गोरखपुर टाइम्स . कॉम

"गोरखपुर : CM योगी आदित्यनाथ ने किया 'राजलनीति 2' का विमोचन" Eenadu India Hindi -

मुख्यमंत्री ने किया राजलनीति 2 का लोकार्पण
गोरखपुर : राजलनीति 2 टाइम मैनेजमेंट पुस्तक का लोकार्पण...
newsliveindia.com

न्यूज़ लाइव इंडिया . कॉम

गोरखपुर : CM योगी आदित्यनाथ ने किया 'राजलनीति 2' का विमोचन
hindi.eenaduindia.com

ईनाडु इंडिया . कॉम

"भारत के माननीय उपराष्ट्रपति श्री वेंकैया नायडू जी ने राजलनीति टाइम मैनेजमेंट पुस्तक को अपनी शुभकामनाएं दी"

उपराष्ट्रपति ने राजलनीति किताब के लिए दी बधाई

गोरखपुर। देश के उपराष्ट्रपति वैंकैया नायडू ने शहर के युवा लेखक राजल गुप्त की किताब 'राजलनीति' के लिए उन्हें शुभकामना दी है। मंगलवार को राजल ने बताया कि उपराष्ट्रपति के निजी सचिव एन युवराज ने पत्र भेजकर किताब मिलने की पुष्टि की है। साथ ही शुभकामना संदेश भी दिया है।

"हिन्दुस्तान". गोरखपर

उप राष्ट्रपति ने दी 'राजलनीति-2' के लिए शुभकामना

गोरखपुर (एसएनबी)। भारत के उप राष्ट्रपति वेंकैया नायडू ने युवा लेखक राजल को उनकी पुस्तक 'राजलनीति-2' के लिए शुभकामनाएं दी हैं। इस पुस्तक का विषय समय प्रबंधन है। राजल को उप राष्ट्रपति ने एक पत्र के माध्यम से अपनी शुभकामनाएं दी। राजलनीति-2 का विमोचन इसी वर्ष उत्तर प्रदेश के मुख्यमंत्री महंत योगी आदित्यनाथ ने किया था। वर्ष 2006 में महंत योगी आदित्यनाथ ने ही राजलनीति के प्रथम संस्करण का भी विमोचन किया था।

কৃতজ্ঞতা স্বীকার

- আমার বাওজী (ঠাকুরদাদা) স্বর্গীয় রাধেশ্যাম গুপ্তাজি ছিলেন আমার আদর্শ, আমার প্রেরণা স্রোত। আজ আমি যা, তা সবটাই তাঁর জন্য।
- স্বর্গীয় ড. কীর্তি বালা (পিসি)
- আমার দাদু স্বর্গীয় পুরুষোত্তম চন্দ্র গুপ্তাজি এবং দিদা স্বর্গীয় সুষমা গুপ্তাজি-কে আমি এই রাজলনীতি টাইম ম্যানেজনেন্ট সমর্পণ করলাম।
- হৃদয় থেকে আম্মাজি (ঠাকুমা) শ্রীমতি কামিনী দেবী গুপ্তাজি-কে কৃতজ্ঞতা জানাচ্ছি, সারা জীবন যেন আমি এবং আমার পরিবার তাঁর আর্শীবাদ ও মার্গদর্শন লাভ করতে পারি।

হৃদয় থেকে কৃতজ্ঞতা জানাচ্ছি

- পাঠকদের - আপনাদের ভালোবাসা ও বিশ্বাস লাভ করতে না পারলে রাজলনীতি টাইম ম্যানেজমেন্ট কিছুতেই উচ্চ শিখরে পৌঁছাতে পারত না।
- ডায়মণ্ড গ্রুপের চেয়ারম্যান শ্রদ্ধেয় শ্রী নরেন্দ্র ভর্মাজি-কে আন্তরিক কৃতজ্ঞতা, তাঁর প্রেরণাতেই রাজলনীতি টাইম ম্যানেজমেন্ট আরও বিকশিত হয়ে উঠেছে।

বাংলা বই

কৌটিল্য অর্থশাস্ত্র
মেমোরী মাইণ্ড এ্যাণ্ড বডি
ডায়নামিক মেমোরী মেথডস্
অসম্ভব... ...সম্ভব...
সফল বক্তা সফল ব্যক্তি
নেটওয়ার্ক মার্কেটিং কতটা সত্যি কতটা মিথ্যে
নেটওয়ার্ক মার্কেটিং আসুন আনুন জিতুন
ডাঃ উজ্জ্বল পাটনী
জিতুন বা হারুন তৈরী থাকুন
ডঃ উজ্জ্বল পাটনী
নেটওয়ার্ক মার্কেটিং প্রশ্ন আপনাদের জবাব সূর্য্য সিন্হার
No. 1 Bestseller
কমপ্লিট পার্সোনালিটি ডেভেলপমেন্ট কোর্স
কাকে বলে নেটওয়ার্ক মার্কেটিং জানুন
সূর্য্য সিন্হা
নেটওয়ার্ক মার্কেটিং-তে সফলতা প্রাপ্ত করার অব্যর্থ মন্ত্র
সূর্য্য সিন্হা
কটু উপদেশ
সূর্য্য সিন্হা
গল্প কথা বলে
সূর্য্য সিন্হা
জীবনে নতুন আলো প্রদানকারী প্রেরণাদায়ক গল্প
ভাগ্যের ওপরে নয়... পরিশ্রমের ওপরে বিশ্বাস রাখুন!
সফলতার অব্যর্থ মন্ত্র
আত্মবিশ্বাস সফলতার দ্বার
সরশ্রী
HOW TO GAIN SELF CONFIDENCE
ইন্দ্রজাল ম্যাজিক ট্রিক্স
নমিতা জৈন
5 অন্তিম কিলো কি ভাবে কমাবেন
কি ভাবে অর্থ বিনিয়োগ করবেন
আম্বানি & পুত্রদ্বয়
পাওয়ার অফ্ পোজিটিভ থিঙ্কিং
তরুণ ইঞ্জিনিয়ার
শেয়ার বাজারে কি ভাবে সফলতা অর্জন করবেন?
নমিতা জৈন
4 সপ্তাহে ওজন কমান
The Four Week Countdown
YOU choose
আক্রমণকারীদের লক্ষ্যে হিন্দুরা